漫画图解版

10分钟读懂国富论

[英]亚当·斯密 著
张希琦 编著

民主与建设出版社
·北京·

图书在版编目（CIP）数据

10分钟读懂国富论：漫画图解版 /（英）亚当·斯密著；张希琦编著. -- 北京：民主与建设出版社，2024.4（2025.5重印）
ISBN 978-7-5139-4581-3

Ⅰ. ①1… Ⅱ. ①亚… ②张… Ⅲ. ①《国富论》—图解 Ⅳ. ①F091.33-64

中国国家版本馆CIP数据核字（2024）第076151号

10分钟读懂国富论（漫画图解版）
10FENZHONG DUDONG GUOFULUN MANHUA TUJIE BAN

著　　者　［英］亚当·斯密
编　　著　张希琦
责任编辑　郝　平
封面设计　冬　凡
插图绘制　邹丽丽
出版发行　民主与建设出版社有限责任公司
电　　话　（010）59417749　59419778
社　　址　北京市朝阳区宏泰东街远洋万和南区伍号公馆4层
邮　　编　100102
印　　刷　三河市华成印务有限公司
版　　次　2024年4月第1版
印　　次　2025年5月第2次印刷
开　　本　720mm × 1020mm　1/16
印　　张　17.5
字　　数　100千字
书　　号　ISBN 978-7-5139-4581-3
定　　价　42.00元

前　言

《国富论》是“现代经济学之父”亚当·斯密历时近十年所著的一部经典的传世名作。全书共分为五篇，三十二个章节，首次出版于 1776 年。该书基本涵盖了古典经济学派所讨论的所有问题，对各个问题进行了最基本的理论阐释，奠定了资本主义自由经济的理论基础，该书的出版也标志着古典政治经济学理论体系的建立，为后世经济学理论的研究奠定了坚实的根基。这部著作至今影响深远，值得每个人用心研读。

对于很多非专业的读者而言，《国富论》中的很多思想理论比较陌生难懂。为此，我们编写了这本《10 分钟读懂国富论（漫画图解版）》，旨在通过生动有趣的漫画插图将复杂深奥的经济学理论变得形象直观，通俗简单，易于理解，让更多读者领会到亚当·斯密的思想精髓，获得轻松愉快的阅读体验。

这本《10 分钟读懂国富论（漫画图解版）》，对《国富论》中的艰深的内容进行了优化，并对各章节进行了提炼概括、总结浓缩，抽丝剥茧，将最经典最核心的内容介绍给读者，同时力求贴近原著。对不同国家的财富发展、政治经济学体系、国家的收入等篇章进行了重点的分析和探讨，通过插图、文字和人物对白，帮助读者更好地理解原著。

目　录

| 第三章 |

论政治经济学体系

| 第四章 |

论国家的必要经费和收入来源

第一章

论劳动生产力增进的原因，并论劳动生产物自然而然地分配给各阶级人民的顺序

第一节 分工的原因及结果

分工对于生产力的促进作用

在分工出现之后，劳动生产力得到了最大的进步，以及所有劳动指向和应用的地方展现出的熟练程度、技巧和判断力也得以提高。

考察一些特殊制造业中的分工，可以让我们更好地理解分工在社会一般事务中所起的作用。

人们习惯认为，越是微不足道的小制造业，分工反而越细。事实上，这是因为它们本身需求量小，供职于各个部门的劳动者往往会集中在同一个地点工作，观察者能够一目了然。

而在那些需求量大的重要制造业中，由于各个部门劳动者众多，我们大多只能看到一个部门的工作者。因此，尽管大制造业中的工作划分比小制造业更细致，却常常被忽视。

作为一种微小制造业，制针业的分工屡屡引起人们的关注。下面就将其引为例证来分析。

一个工人如果没有接受过制针技能的培训，又不懂得操作相关的机械，那么即使他倾尽全力，恐怕一天也难造 1 枚针。

如此一来，只要工人们勤恳工作，哪怕是在小厂，平均每人每天也能产 4800 枚针。生产力提高了。

而让工人们分工合作：一个人抽铁丝，一个人拉直，一个人切截，一个人削针尖。每一项都成为专门的职业，结果就会大不相同。

分工使同样人数的劳动者得以完成远超从前的工作量，分工对于生产力的促进作用主要有以下三点：

第一，每一个特定环节的工人技能得到提升。

第二，节省了在不同类型工作之间来回转换耗损的时间。

第三，大量简化劳动的机械的发明，使一个人能够胜任多个人的工作。

由于分工的存在，各行各业的产量大幅增加，在一个政治修明的社会里，连最下层的民众也能普遍过上富裕生活。

工人的劳动成果，除了满足自身需要以外，还剩余大量产品可供出售；其他的劳动者也都拥有大量自己生产的物品可以拿来交换。每个人都能换得其他劳动者持有的相同价值的大量产物。

别人所需的物品，自己有能力供应；对于自身的需求，别人也能给予充分满足。这样一来，社会各阶级普遍富裕。

分工的起源

分工带来如此多的利益，但它并非人类智慧的产物，最初的人类智慧并没有预见和期望通过分工能达到普遍富裕。事实上，是人性中共有和特有的契约行为倾向导致了分工的出现。

两只猎犬追逐同一只兔子也是协作，但这只是某一小段特殊时间内偶然发生的一致性动作，它们从未订立契约。在别的任何动物身上，这种契约行为倾向都得不到体现。

与动物不同，人类出于利己的心态，大部分生产资料都要通过契约、交换和购买的形式获得。

正因为我们能够通过契约、交换和购买来满足自己的绝大部分需求，所以才从这种相互交换的倾向中产生了分工。

在狩猎或者游牧民族中，某人经常拿自己的弓箭去和别人交换牲畜和肉食，后来他发现，比起自己到野外打猎，这种方式可以让他得到更多。于是，他把制造弓箭作为自己的主要工作内容，渐渐变成了一个武器制造者。

另外有一个人善于建造茅屋，常常被人请去搭建房屋，因而得到了许多家畜和肉类。最终，他觉得专门以建造房屋为业对自己更为有利，于是他成了一个房屋建筑者。

就这样，第三个人成了铁匠或铜匠。

第四个人成了硝皮者或制革者（皮革是蒙昧时期未开化人类的主要衣料）。

这样一来，每个人都能用自己剩余的劳动生产物去换别人拥有的、对自己有用的劳动生产物，自然就鼓励了大家各自从事一项专门的职业，继而在自己熟知的领域内发掘潜质、施展才能。

事实上，各人的天赋、资质差异并非如我们想象的那样大。多数情况下，与其说是成年人在不同职业中表现出来的极不相同的才能导致了分工的出现，倒不如说是分工造成了这种结果。

一个哲学家和一个大街上的挑夫，从他们出生到七八岁以前，彼此的天性极为相似，恐怕连他们的父母或亲友都看不出他们身上有什么显著的差别。

大约也就是从那个时候，或者是在接下来的时间里，他们开始投身于不同的职业。慢慢地，人们看出了他们之间日渐明显的差异。

人类如果没有互通有无、以物易物和互相交易的倾向，每个人都必须亲自生产自己所需的一切生活用品，所有人的工作全无分别，那么职业的不同所产生的才能的巨大差异将不复存在。

市场大小对于分工的限制作用

因为交换引起了分工，所以分工的程度势必要受到交换能力大小的限制，换言之，要受市场范围大小的限制。

一个农村木匠不单单是木匠，同时还是细工木匠、家具师、雕刻师、车轮制造者、耕犁制造者，乃至二轮、四轮运货车的制造者。

铁匠更甚，一个专门造铁钉的工人即便日造 1000 枚铁钉、一年只有 300 个工作日，年产铁钉也有 30 万枚之多。但在那里，一年也销售不了 1000 枚铁钉，他无法维持生计。

在农村里，像这样一个人兼顾几项性质类似、用材接近的业务的情况相当普遍。而在大城市则完全不同。

在苏格兰偏僻的小村庄，方圆 20 英里内甚至找不出第二个铁匠、木匠或泥水匠。这里的农户只好亲自动手去应付这些小事情。

而在人口密集的地方，即使这些小事情，照例是要请专业工匠来做的。

有些职业，哪怕是最低级的职业，也只能存在于大城市。

搬运工只能栖身于大城市。小村庄空间狭小，即便是中型城市也不够大，不能提供给他稳定的工作来源。

这正是市场大小对于分工的限制，如果市场过小，就无法鼓励人们毕生致力于一项专门的业务。因为在这种情况下，他们不能拿自己的剩余劳动生产物随意换得自己需要的、别人的剩余劳动生产物。

水运和陆运亦是如此，由于水运开拓出了比单一陆运更为广泛的市场，因此各行各业的分工改良，自然最先出现于沿海沿河一带。

一辆由 8 匹马牵引、两个人驾驭的广辐四轮运货车，运载 4 吨货物，在伦敦和爱丁堡之间往返需要 6 星期左右。

而一艘由 6 人或 8 人驾驶的船，运载 200 吨货物，往返于伦敦和利斯之间，也只需要同样的时间。

将 200 吨货物由伦敦运往爱丁堡，即使按照最低的陆运费用标准来算，也需负担 100 人 3 个星期的生活费以及与此数目几近相等的 400 匹马 50 辆四轮货车的消耗维持费。

而水运要负担的，充其量也不过是 6~8 人的生活费、载重 200 吨的货船的消耗费和比陆运多一点的保险费。

由于水运提供了很好的便利条件，工艺和产业的改良，自然也是先从水运便利的地方开始。这种改良在内地得到普及一般需要很久。

英国在北美殖民地开发的大种植园，几乎都位于海边和河岸边，很少扩展至较远的内陆地区。

远离河海的内地生产出来的产品，长久以来都只能在附近区域销售，而无法远销各地。所以，内地的产品销量，一直以来都是和附近区域的财富与人口成正比。这也致使它的改良步伐落后于邻近区域。

第二节　货币和商品的价格

货币的起源和种类

分工确立以后，每个人都生产一种产品，除满足自己的生活需要外，其余的就用于与他人交换，获得其他的东西。

每个人都要靠交换生活，在某种程度上，所有人都成了商人，而社会也渐渐成为商业社会。

但在分工产生之初，这种交换力在发挥作用时往往捉襟见肘。

屠夫把消费不完的肉放在自己店里，而酿酒师和面包师都想要得到一份来满足自己的需要，但如果他们各自除了酒和面包以外，没有别的物品可供交换，而屠夫恰恰又不需要更多的酒和面包，那么，他们之间就完全没有进行交易的可能。

这时货币就诞生了。人们想到随身携带一定数量的某种物品，这种物品并非自己的劳动生产物，却可以拿去和任何人的劳动生产物进行交换而不被拒绝。

先后有各式各样的物品因为这个目的而被人们想到并加以利用。

在未开化社会，人们曾把牲畜作为普遍的交换媒介。但牲畜不能分割，交换极为不便。

阿比西尼亚曾把盐作为商业变换的媒介，印度某些沿海地区用一种贝壳当媒介，弗吉尼亚用烟草，纽芬兰用干鱼，英国西印度殖民地用砂糖，其他某些国家则用兽皮或鞣皮。

最终几乎所有国家的人们都决定使用金属来做交换的媒介。金属耐磨，不仅能够持久保存，还能被毫无损失地任意分割，分割后也可再熔成原样，是最适宜商业流通的媒介。

不同的国家使用过不同的金属来作为交换媒介。

古斯巴达用铁，古罗马用铜，其余所有富足的商业国则使用金和银。

最初几乎所有用作交换媒介的金属都是粗条，没有经过铸造且未打上标记。普林尼说，依据古代历史学家蒂米阿斯的记载，古罗马人一直到瑟维阿斯·图利阿斯时代，都没有铸造的货币，他们使用没有标记的铜条购买自己需要的商品。当时，就是这些粗条充当着货币。

这种粗疏的金属使用方法，存在着两种极大的不便：一是称量麻烦，二是鉴定困难。贵重金属在分量上差上少许，价值就会降低许多。于是，铸币制度和被称为造币局的国家机构就出现了。

较为进步的国家将商品交易中流通广泛的某些特定金属定量分割并打上官方印记。这就是货币的起源。

造币厂和造币局也出现了。

这种制度和麻布呢绒检查官制度的性质类似。它们的用意都是通过加盖官印来统一市场上各种商品的性价，使交易变得简单规范。

商品的真实价格和名义价格

自分工确立以来，各人所需要的物品，绝大部分必须要仰仗于他人的劳动。一切商品都是劳动创造的。

判断一个人是贫是富，就看他能购买多少劳动。

当人们使用货币购买商品时，免去了事事亲力亲为的辛苦。

劳动是第一性价格，世界上的任何商品，在最初是用劳动购买而不是用金银购买的。因此，对于商品的持有者来说，劳动的价值，恰恰等于因为拥有它而获得的能够购买或支配的劳动量。

霍布斯

事实上，一个人获得或承继了大宗财产，并不意味着他就享有了政治权力。财产能够直接提供给他的只是购买力，财产越多，能够支配的他人的劳动就越多。

虽然劳动是一切商品交换价值的真实尺度，但是通常衡量商品的价值并非依据劳动。

给货物贴标签相对简单，工作 1 小时包含的劳动量较小。

科学家做研究难度大，工作 1 小时包含的劳动量较大。

对于两种不同的工作，很难比较它们的劳动量。因为这不仅要比较两种工作耗费的时间，还要综合考虑其难易程度和精细程度，而劳动难易程度和精细程度极难准确地衡量。

因为商品通常是与商品交换，而不是与劳动交换，所以，人们更习惯于以一种商品所能换得的另一种商品的数量，而不是其所能购得的劳动量来估计其交换价值。

当货币成为商业上的通用媒介之后，商品就大多与货币交换，一件商品的交换价值更多地按货币量计算，而极少按其所能交换的劳动量或别的商品的量来计算。

金银和其他一切商品一样，价格时高时低，因此其购买也时难时易。一定量的金银所能购买的商品量或所能支配的劳动量，往往取决于当时的金银矿出产量。

16 世纪，人们在美洲发现了丰富的金银矿藏，致使欧洲的金价、银价骤然降低为原来的 1/3，价格变化的金银不能成为衡量其他商品价值的尺度。

但无论何时何地，同等的劳动量对于劳动者来说，具有同样的价值。

所以劳动才是商品的真实价格，货币只是商品的名义价格，而对于雇主而言，他们认为劳动的价值也和商品一样会有波动变化，所以劳动也有真实价格和名义价格。

劳动的真实价格就是为了购买劳动支付的一定数量的便利品和生活必需品。

劳动的名义价格就是为了购买劳动支付的一定数量的货币。

商品价格的组成

在资本累积和土地私有制尚未形成之前，人们把获取各种物品所需要的劳动量之间的比例当作物品交换时的唯一标准。

猎人捕杀一头海狸所需要的劳动是捕杀一头鹿所需劳动量的两倍。

所以一头海狸就可以换两头鹿。

在这种原始社会状态下，全部劳动所得都归劳动者自己所有。一种物品能够交换或者支配的劳动量，取决于生产它所需要的一般劳动量。

一旦某些人手中积累起资本，便会将其投放到劳动者身上，他们提供原材料与生活资料给劳动者，以期通过售卖他们的劳动生产物或者借助他们在产品上的劳动附加值来获取利润。

劳动者附加在原材料上的价值被分成了两个部分，一部分用于支付劳动者的工资，另一部分作为利润用于报偿雇主垫付原材料和工资所耗费的全部资本。

在这种情况下，劳动的全部生产物不再完全归劳动者所有，而是要和他们的雇主分享。而且，任何一种商品所能交换、支配或购买的劳动量都不再由生产这种商品耗费的劳动量单独决定，还有另外一个因素，那就是为支付劳动工资和提供劳动材料而投入的资本。

一个国家的土地一旦完全为私人所有，那么其拥有者，也就是地主，便会想到通过出租土地的方式不劳而获。

在土地公有制时代，森林里的树木、田野上的草、大地上种种自然果实，只需要劳动者出力去采集便可。

土地私有出现以后，劳动者必须把他生产或采集的产物的一部分交给地主。上交的这一部分产物或者这一部分产物的价值，构成了地租。这正是大部分商品的价格的第三个组成部分。

必须指出，商品价格的这三个组成部分各自的真实价值，由它们各自所能购买或支配的劳动量来衡量。在价格的三个构成部分中，不单是劳动所占的那部分价值要用劳动来衡量，地租和利润这两个部分的价值也要用劳动来衡量。

在任何一个社会，商品价格最终都要被分解成这三个部分中的一个或多个。在进步社会，这三者则或多或少地都参与了绝大部分商品价格的构成。

商品的自然价格和市场价格

在每一个社会和它的邻近区域，各种劳动领域的工资以及各投资领域的利润都存在着一个普通率和平均率。

比如，在超市打工挣得工资。

卖掉商品获得利润。

使用土地给地主交地租。

我们可以把这种人们一般能接受的普通率或平均率称为当地在某一时期通行的工资自然率、利润自然率或地租自然率。

如果一种商品的价格恰好和它在生产制造和运输过程中按照自然率支付的地租、工资和利润相等，那么此时商品的价格就是自然价格。

这种商品的售价恰好和其价值相等，或者说，它恰好把商品贩卖者所花的全部实际费用抵销掉。当然这里也包括销售此产品的利润。虽然我们习惯上所说的商品原始成本不包含商人的利润，但假如商人不能以符合当地一般利润率的价格把商品卖掉的话，就等于蒙受了损失。这是因为，他完全可以把资本转投到其他方面，从而得到那笔利润。再者，他的利润就是他的收入，也就是他生活资料的正当来源。

商品的市场价格是商品售出时的实际价格。商品的市场价格有时比自然价格高，有时比自然价格低，有时二者恰好相等。多数时候，二者不一样。

有效需求会调节市场价格和自然价格之间的差异。

农民把 50 箱梨运到市场去卖，恰好有几个村民看到了想买下这 50 箱梨，我们就说村民有购买 50 箱梨的有效需求。

一个贫民或许有拥有一辆六马大车的需求，但他的这种需求并非有效需求，因为这种马车绝不是为满足他这样的需要而出售的。

如果市场上某种商品的供应量小于它的有效需求量，某些人宁愿支付较高的价格，也要得到这种商品，于是便在需求者之间产生了竞争，市场价格也自然而然地升到了自然价格之上。

反过来，如果市场上某种商品的供应量大于它的有效需求量，这时商品就无法全部出售给愿意支付商品自然价格的人，其中一部分必须降价出售。于是，商品的市场价格便或多或少地低于自然价格。

商品的市场价格就这样随着供给量和有效需求量的变化而变化，在不断变化调整中达到平衡。

当商品的供给量大于有效需求时，价格中的某些部分会降到自然率以下，地主就会收回提供的土地。

出于利益考虑，提供资本的资本家和付出劳动的劳动者也会纷纷撤出。

这样就导致商品的供给量减少，不能满足有效需求，商品的市场价格中的各组成部分就又上升到自然价格之上。

相反，当商品的供给量小于有效需求时，价格中的某些部分会升到自然率以上，地主就会提供更多土地。

出于利益考虑，资本家会投入更多钱制造这种商品，劳动者也会付出更多的劳动。

这样就导致商品的供给量增多，能够满足有效需求，商品的市场价格中的各组成部分就又下降到自然价格之下。

自然价格是商品的中心价格，尽管各种因素使得各种商品的价格不能恒定在中心价格，但商品价格却不断受其吸引，时刻都在向着这一中心靠拢，围绕这一中心波动。

虽然各种商品的市场价格都在不断地向其自然价格靠拢，但有时由于某种特殊的意外或是天然的原因，抑或是碍于特殊的政策，某些商品的市场价格可能在很长时间内远超过其自然价格。通常有以下三种情况：

1. 当商品的有效需求提高时，商品的市场价格会远大于自然价格。

这时商品的供应者会尽量保守秘密，不让其他竞争者知道，独享高额利润，一旦秘密被其他竞争者知道，高额利润也就不复存在了。

一个染工发现了某种制造染料的方法可以节省近一半的成本，而他本人又处事谨慎，他就能够终身独享这份利益，甚至能够传给子孙后代。

制造商品时使用特殊的秘方，也可使得商品的市场价格高于自然价格。

赋予个人或商业公司垄断权力，和商业、制造业中的保守秘密，能起到相同的作用。

2. 垄断导致市场经常存货不足，因而有效需求永远不能得到充分满足。

这样，商品的市场价格就能远远超过自然价格，垄断者也能长时间享受特别的利润。

比如，某智能设备只在某公司制造，即使很贵，人们也只能购买该公司的设备。

但若价格过高，人们也只能放弃购买，因此垄断价格就是人们能够接受的商品的最高价格。

垄断价格在各个时期都是能向购买者榨取的最高价格，或者也可以认为是购买者愿意支付的最高价格，而自然价格或自由竞争的价格是商人所能接受的最低价格，也就是他得以维持营生的最低价格。

3. 行业的排他性组织也是一种垄断形态，这种形态的出现限制了行业中竞争者的数量，使得其他经营者不能随便对商品进行买卖。

只有加入行业协会，拥有特权的人才有权在此地做生意。

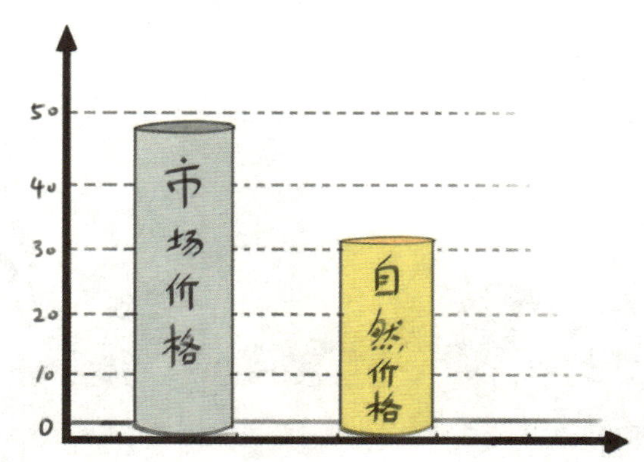

这也导致了商品的市场价格长期地高于自然价格。

这种市场价格的上涨，明显是由各种制度规则的约束造成的。只要这些规则继续有效，这种情况就会继续存在。

亚当·斯密还认为，商品的市场价格一般不会低于自然价格，否则卖方会亏损。另外，自然价格也会随工资、利润、地租等自然率的变化而变化。

第三节 工资、利润和地租

劳动工资

劳动的自然报酬或自然工资是劳动生产物。

在土地私有和资本累积尚未形成之前的原始社会，全部的劳动生产物都归劳动者自己支配。

如果这种状态得以持续下去，那么伴随着分工所带来的劳动生产力的进步，劳动工资也会不断提升，但是所有商品的价格会越来越低廉，这是因为生产它们所需的劳动量变小了。由等量劳动所生产的各种商品自然而然地会发生相互交换，因此，在这种状态下，只需要较少数量的劳动生产物就可以购买到各种商品。

土地私有和资本累积一出现，这种劳动者独享自己全部劳动生产物的原始状态便宣告结束了。

土地一旦私有化，地主就会从劳动者在土地上生产出或采集到的全部产物中分走一部分。

就这样，地主的地租便成为劳动者在土地上的全部劳动所得中第一个被扣除的项目。

为了让工人和农民生产劳动产品，雇主会投入一定的资本用以满足他们的日常生活需要。

同时雇主会得到一部分劳动生产物作为利润。

因此，利润成了劳动者在土地上的全部劳动所得中第二个被扣除的项目。

不论在何地，劳动者的工资都由劳资双方订立的契约规定。就规定的工资数额来说，双方的想法背道而驰。

这样，劳动者就想团结起来达到提高工资的目的。

而雇主们却想联合起来降低工资。

在出现争议的情况下，我们不难预料劳资双方谁会占上风，谁能迫使对方接受自己提出的条件。亚当·斯密认为，这种情况对于资本家更为有利。

雇主人数较少，比较容易联合。另外，他们的联合不受法律禁止。

而劳动者的结合却为法律所不容。

面对争议，雇主总比劳动者更能长久坚持。地主、农场主、制造业者和商人，即使一个工人都不雇，通常也能靠已拥有的资本维持生活一两年。

而劳动者一旦失业，能维持生活一个星期的都不多见，一个月的更少，一年的则几乎没有。

就长期观察来看，雇主对劳动者的需要程度和劳动者对雇主的需要程度大致相同，只不过雇主的需要不像劳动者那样迫切。

尽管雇主在与劳动者的争议中处于有利地位，但劳动工资有一定的标准，即使最低级的劳动者的普通工资也不可能长期低于这个标准。

据推测，一个最下层的劳动者至少须取得自身所需的生活费的两倍，才足够供养两个儿女。

而现实中，几乎半数儿童都在未成年以前死去。所以，即使是最贫穷的劳动者一般也想养育至少 4 个孩子，以便能有两个孩子顺利成人。

据估计，4 个孩子的抚养费几乎等于一个成年人的生活费。

因此，我们至少能够肯定一点：即便是对最下层的普通劳动者来说，夫妇二人的劳动所得也必须稍稍超过维持他们自身生活所需要的费用才足够赡养家属。

像鞋匠这样的独立劳动者，除购买供自己用的原料、留足在商品售出之前的生活费用，如果还有剩余的资本，就会请一个或多个帮工，以便自己从他们的劳动中获利。

如果剩余资本增加，他所雇帮工的数量也会随着增加。

因此，对那些以工资为生的劳动者的需求，必然会随着一个国家收入和资本的增加而增加。收入和资本没有增加，对以工资为生的劳动者的需求绝不会增加。而收入和资本的增加，就意味着国民财富的增加。所以，对以工资为生的劳动者的需求，自然也会随着国民财富的增加而增加。国民财富不增加，对以工资为生的劳动者的需求当然也不会增加。

即便一个国家非常富有，如果长期停滞不前，那里就不可能出现极高的工资。亚当·斯密认为最高工资不一定出现在最富有的国家，而会出现在最快变得繁荣、富裕的国家。

中国人的工资在过去 10 年内增长得很快，说明中国的经济发展很快。

欧洲人虽然生活富裕，但他们的工资在过去 10 年内变化不大，说明欧洲的经济几乎处于停滞状态。

因此，丰厚的劳动报酬既是国民财富增长的必然结果，又是国民财富增长的自然表征。与之相反，贫困劳动者生活资料匮乏是社会停滞不前的表征，如果劳动者食不果腹，则是社会迅速倒退的表征。

亚当·斯密认为，如果劳动报酬丰厚，劳动者就能够改善他们的生活，因此就会有更多的子女能够成人，人口的增殖限度就将扩大。

同时，劳动报酬丰厚对于劳动者也会起到激励作用，高收入使劳动者更加努力，提升了他们的劳动积极性。

亚当·斯密的观点与当时的重商主义思想不同，他认为佣人、工人和各种劳动者始终在社会中占有最大比例，绝不能把社会最大部分群体境遇的改善，视为对社会不利的事情。工资和资本的增加就是国家财富的增加，国家财富增加了就会需要更多的劳动者。

资本利润

资本就是人们做生意的本钱，和劳动工资一样，资本利润的增加或减少都取决于社会财富的增减。但社会财富对劳动工资和资本利润的影响却有很大的不同。资本的增加，一方面使工资提高，另一方面又使利润减少。

比如，有许多富商投资同一行业，那么他们的相互竞争自然会促使这一行业的利润减少。

在同一社会中，如果各种行业的资本都这样增加了，那么这种竞争必然使所有行业的利润趋于减少。

就资本利润来说，连最普遍的利润我们也很少能够确定。利润极不稳定，即使是经营某一特定行业的人也未必能够说出他每年的平均利润是多少。

利润会受所经营商品的价格变动的影响。

利润也受到竞争者的销售策略的影响。

利润还受到消费者的财务状况和消费者倾向的影响。

商品在运输和贮存过程中可能遭遇的种种意外也会影响利润。

所以，利润率可以说是年年、日日，甚至每时每刻都在变动。要想找出一个大国各行各业的准确的平均利润，更是难上加难。想要精确地判定遥远的从前的利润，那就全然不可能了。

不过，资本家们有间接知道利润的方法，虽然无法确定过去和当前的资本的平均利润，但从货币的利息上我们可以了解一个大概。

在利用货币获得的利益更多的地方，通常会对使用货币支付较高的利息。

在利用货币获得的利益较少的地方，通常会对使用货币支付较低的利息。

由此我们断定，一个国家资本的一般利润，必然会随着市场一般利率的变动而变动。利率降低，利润也会降低；利率升高，利润自然也会随之升高。

在大城市经营某个行业需要更多的资本，城市中各行业都投入了庞大的资本。

参与的竞争者众多，这就导致城市资本利润率普遍低于农村资本利润率。

拥有大量资本的人往往不能如愿雇到自己所需要的劳动者，他们相互竞争的结果就是抬高工资，并使资本利润降低。

而在资本匮乏的农村，情况却完全相反。

在偏僻的地方，缺少充足的资本来雇用全部的劳动者，岗位不足。

为了获得职业，劳动者必然互相竞争，这就会导致劳动工资降低。

这种情况下，资本利润就提高了。

在财富增长较快的国家，商品价格虽低但销量较大，利润即使低一点也能弥补高工资。提高利润必然抬高商品价格，而提高工资对价格的影响相对较小。

假设麻布厂工人的工资每天提高 2 便士，

那么1匹麻布必须增高的价格，即为生产这匹麻布雇用的工人数乘以生产天数，再乘以2便士。

可见，在制造阶段，商品的价格中归于工资的部分，是按算术级数递增，价格上涨得并不多。

假设所有雇主的利润都增加5%，

那么梳麻工、纺工和织工的雇主也都要求增加 5% 的利润。

可见，商品价格中归于利润的部分是按几何级数递增，价格上涨很多。

因此，高利润比高工资更容易抬高商品价格。但商人和工厂主往往对于工资提升导致的物价提高和产品销量降低总是怨声载道，对于高利润带来的更严重的恶果，他们却缄口不言。

造成劳动工资和资本利润不均等的因素

在不同的用途中，劳动和资本的收益有所不同，但在每个人都能自由选择和更换职业的社会，同一地区中，劳动与资本收益都是基本相等的，或者是不断趋向于相等。

例如，在某地区养殖猪、牛、羊卖钱，收益更高。

同样的地区，种粮食卖钱，收益却较低。

人们为了自身利益，就会去追求高收益的劳动，养殖猪、牛、羊的人越来越多，两种劳动的收益就趋于相等了。

由此可知，如果某种用途的收益比其他用途明显有利，劳动与资本就会朝着有利的用途蜂拥而至。反之，则会竞相离去。结果，这种用途很快就不再明显优于或劣于其他用途了。

事实上，在欧洲各地，不同用途的劳动所得的货币工资，不同用途的资本获得的货币利润都是大不相同的。这种不同，一方面是由各种用途本身的性质造成的；另一方面，则是因为欧洲各国施行的限制市场完全自由发展的政策造成的。

由各种用途本身的性质造成的不均等有五种情况：

第一，工作的难易、污洁、尊卑不同，劳动工资也不同。

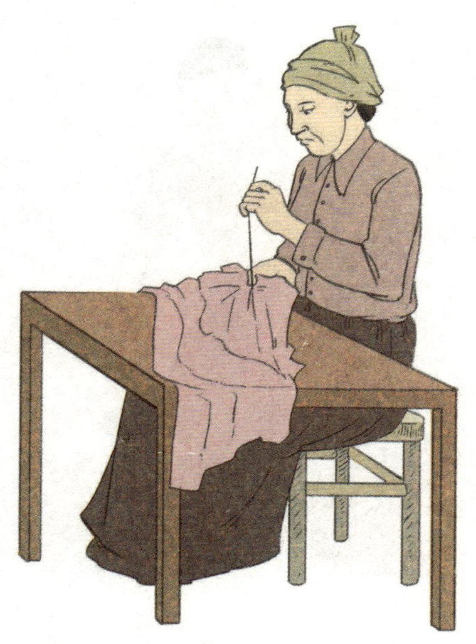

比如，在许多地方，缝工的收入比织工低，因为缝工的工作比织工容易。

织工的收入比铁匠低，因为织工的工作干净得多。

铁匠 12 小时的劳动收入往往还不如一个煤矿工人 8 小时的劳动收入，因为铁匠的工作没那么肮脏和危险，且在阳光普照的地面上进行。

对于体面的职业，它带给劳动者的荣誉感可算作报酬的一部分，从事这类职业的劳动者，所得的货币报酬一般较低。

而那些低贱的职业，情形则恰好相反。屠户是既粗鲁又野蛮的职业，但在大多数地方，他们的收入往往会高于其他普通职业的劳动者。

不愉快和不体面对资本利润的影响，与其对劳动者工资的影响是一样的。

小旅店或小酒馆的老板不得不忍受那些喝醉了的顾客的野蛮和无理。他们的职业既不令人愉快也不体面，但却能以小资本赢得高额利润。

第二，职业学习的难易、学费的不同，劳动工资也不同。

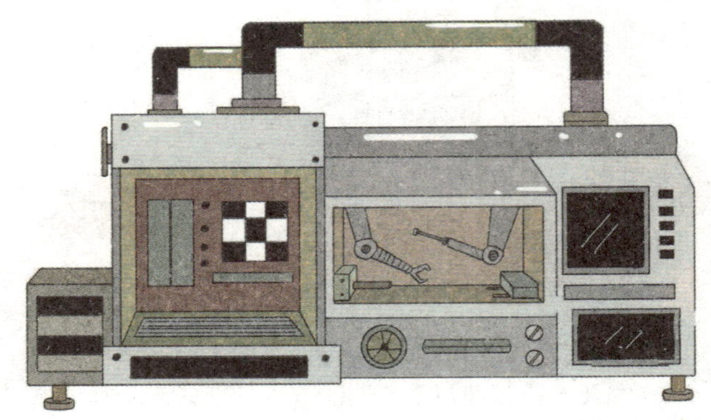

有时人们高价购置机器，当然希望它在报废以前所完成的作业可以收回所投入的资本，至少获得一般利润。

同样的，花费许多时间和精力去学习一项特殊的职业技能，学习的人也当然希望参加工作之后能在获得普通劳动工资的基础上，挣回所有学费，并至少获得一般利润。

在欧洲，机械师和技工们需要先做学徒，以获得相关资格。学徒还得向师傅缴纳一定的学费。付不起钱的学徒就要拿劳动时间来抵偿。

而在农村，劳动者往往在从事简易劳动的同时也学会了比较复杂的工作。不论在受雇期的哪个阶段，他都能靠劳动养活自己。

从这一点说，欧洲诸国的机械师、制造师以及技工们的工资，一般比农村普通劳动者的工资略高，这也是符合情理的。

单色亚麻布厂和呢绒工厂里普通工人的平均日工资或周工资，只不过比普通劳动者略高而已。但这也不过恰够抵付他们的职业学习的费用。

这种情况，确实使他们的生活优越了一点。不过，这种优越程度十分有限。

但资本利润却跟所投资的行业是否容易学习关系不大。大城市里较为普遍的投资技巧，学习的难易程度几乎都差不太多。不论是国内贸易还是国际贸易，没有哪个行业的投资方法比别的行业更难学习。

第三，职业的工作稳定性不同，劳动工资也不同。

砖瓦匠和泥水匠往往能得到比普通劳动者更多的工资，这是因为他们每逢严寒酷暑或恶劣天气就完全无事可做。

在伦敦，即使是最低级的裁缝，一天也能有半克朗的收入，因为裁缝连着几个星期没事做的情况很常见，夏天尤其如此。

煤矿工人虽是做着最普通的工作，但因为工作辛苦、肮脏且不愉快，得到的报酬往往比其他工作更多。

所有行业的资本的一般利润，都不受资本的使用是否固定的影响。资本的使用是否固定，取决于经营行业的人，而不取决于行业本身。

第四，职业承担的责任大小不同，劳动工资也不同。

在所有的地方，金银珠宝匠人的工资不仅高于需要同样技巧的其他许多职业的劳动者，甚至还高于技巧性更强的其他职业的劳动者。这是因为他们承担着贵重材料的托管责任。

人们把生命和健康托付给医生，把自己的生命、荣誉和财产托付给律师，所以医生和律师理应得到与他们的社会地位和他们承担的社会责任对等的报酬。

一个只使用自己的资本经营事业的人，根本没受到任何委托。至于他能否得到他人的信任，不取决于他经营的是何种性质的行业，而取决于别人对他的财产、人品和能力的看法。因此，各个行业利润率的不同，与经营者是否受到委托以及委托程度无关。

第五，劳动工资与劳动者取得从业资格的可能性大小有关。

就彩票来说，中奖人的所得应是全体未中奖者的集体损失。

同样的，成为律师的人，也是得到了那些学习法律却没有获得律师资格的人的报酬。而事实上，他应得的报酬不止这些，其收入也只相当于支出的很小一部分。

各种资本投向的一般利润率，会随着收益的确定性与否而多少有所不同。一般来说，危险程度高的职业，其利润率也较高，但利润率增高的幅度与职业的危险程度并不成正比。也就是说，增高利润部分不一定能完全弥补危险带来的损失。

此外，亚当·斯密认为，欧洲的政策对事物完全自由的发展有所限制，由此便产生了比前面所说的更多的不平等。欧洲政策造成上述不平等的方式主要有以下三个：

第一，限制某些职业中的竞争，使一部分原本有意愿加入这些职业的人无法加入。

欧洲政策限制某些职业从业人数的主要手段，就是同业联盟的排外特权。

比如，帽匠很想卖帽子，但只有加入同业联盟才能卖帽子。

在欧洲，只有匠人和学徒能加入同业联盟，学徒要拜师学习。

同业联盟会限定每个匠人带学徒的人数。

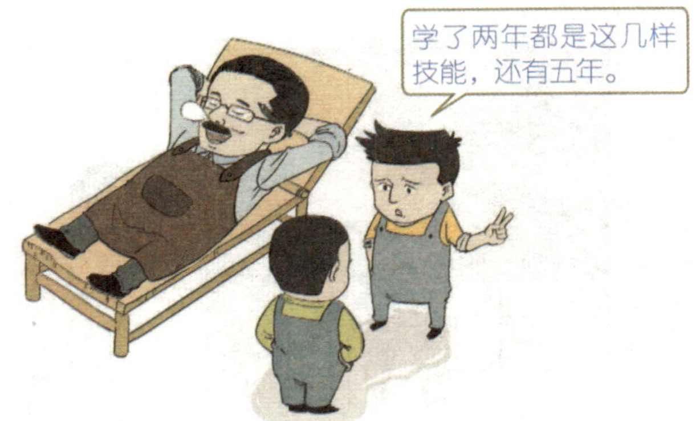

还会规定学徒的年限，大部分为七年。

这些年他们要跟着师傅学习各种手艺，增长技能。

在此期间他们不仅拿不到薪水，同时还要帮师傅干活，伺候师傅。

长期学徒制并不能杜绝市场上不合格产品的出现，也不利于青少年养成勤劳的习惯。那些多劳多得、按件计资的劳动者自会勤奋工作，学徒们的劳动所得和自己根本不相关，所以免不了偷懒耍滑。

即使是那些比普通行业技巧要求更高的制造业，比如挂钟和手表制造业，要将它们的制造方法和使用方法详细地教授给年轻人，有时仅仅需要几天时间就能完成。

第二，强化了一些职业里的竞争，使从业人员增加到超越自然的限度，因而使劳动和资本不同用途的利害有了另一种不同于上述情况的不均等。

一些公共团体或者热心的个人设立基金，提供助学金、奖学金等奖励。所有基督教国家大部分神职人员的教育费用就来自于此，他们中完全自费接受教育的人很少。

这使穷人们也纷纷加入竞争，工作岗位有限，教会中愿意接受低报酬的人比比皆是，大批的牧师涌现。

那些自费学习的牧师所花的功夫和费用，可能就得不到相应的回报，牧师的薪水甚至不如帮工。

第三，阻止劳动和资本从一种职业向其他职业，或从一个地方向其他地方转移，也使劳动和资本不同用途的利害出现非常大的不均等。

《学徒法》阻止劳动的自由流通，甚至在同一地区之内劳动者也不能自由转换职业。

同业联盟的排外特权，也使劳动的自由流动和转移受到妨碍，即使在同一行业也不能随意换到其他地方工作。

假设，在某个地区卖鱼比卖肉赚得多，渔业更为繁荣。

法律法规和同业联盟却阻止卖肉的商贩去卖鱼。

最终导致两个行业间的工资差距越来越大。

同时，亚当·斯密认为，劳动和资本在不同用途上的不同工资率与利润率的比例，受所属社会的贫富、进步退步或停滞状态的影响不大。公共福利上的变革，虽然能够影响一般工资率和利润率，但总的来说会对所有不同用途产生同样的影响。所以，不同用途上的工资率与利润率的比例，至少在一个较长的时期内，不会因上述变化而改变。

论地租

所谓地租，就是租地人按照土地的实际情况支付给地主的最高代价。

不同于劳动工资和资本利润，地租的高低取决于土地生产物的价格。

商品的市场价格中，除了对劳动支付的工资和对资本支付的利润，剩余的部分即为地租。

受到市场供需关系的影响，有些土地生产物总能提供地租，有些土地生产物则不总能提供地租。

粮食是总能够提供地租的土地生产物。

衣服和住宅材料不是总能提供地租的土地生产物。

人们为了生存，每日都必须摄取粮食，这种需求任何时候都存在。

因此，耕种土地，生产粮食总能提供地租。

地租会因土地的肥沃程度而有所不同，肥沃的土壤产粮食多，地租更高。

相反，贫瘠的土地产粮少，地租也低。

肥沃程度相差不多的土地，地租则会因土地位置的不同而不同。城市附近的土地比偏远地区同样肥沃的土地地租更高。

而要将偏远地区的产物运送到市场，需要更多的劳动量，因而当地的农场主利润及地主地租必然较少。

欧洲人主要以谷物为食。因此，欧洲各国谷田的地租支配着某些特殊耕地以外的其他所有耕地的地租。

除食物外，为人类所必需的东西就是衣服和住宅，而衣服和住宅材料不是总能提供地租。一个国家的人口与国内食物供应水平成比例，而不与国内所产的衣服、住宅材料供应水平成比例。

在过去的欧洲，粮食经常不够吃，人们常常忍饥挨饿。

在一些部落中，更是99%的劳动都用于寻找食物，即便这样，也只能勉强果腹。

但在英国大多数地方，制一件最简单的兽皮衣服，所需也不过一天多的劳动。

同样的，一个人单独劳动一天，就能造一栋简易住宅。

因此，在原始社会中，衣服和住宅材料总是过剩，价值极小或完全没什么价值，不能提供地租。

但随着土地的改良，一家的劳动就能供给两家的食物，一半人口的劳动便足以向全社会提供食物。

余下来的半数（或者至少其中一大部分人）就能从事其他物品的生产，以满足人们的其他欲望和需求。这些欲望和需求主要包括衣服、住宅、家具，以及所谓的成套应用物品等。

为富人挑选和烹调食物，可能需要更多的劳动和技艺。但富人与穷人对食物量的需求却相差无几。

有了足够的食物，富人们对于衣服、住宅和马车等的欲望就增多了。

为获取食物，穷人们竭力劳作来满足富人的这些欲望，他们相互竞争，导致劳动产品日趋完美，也日趋廉价。

对于衣服、住宅和马车等的需求增大，使得这些商品不再供过于求，此时，生产这类商品的土地，也能够提供地租了。

如此看来，土地所产食物是地租的原始来源，而后来那些提供地租的其他土地生产物，其价值中属于地租的那部分，都来自于劳动生产力的提高。而生产力的提高，又是随土地改良、耕作进步出现的。但是，后来那些提供地租的其他土地生产物能否提供地租，应视不同情况而定。

随着土地的发展改良，直接或间接地提升了地租，地主的购买力也更大了。

土地改良扩大了耕地面积，土地使用量的增加直接提高了地主的地租。

制造品价格下降，同样的钱能购买更多商品，间接提高了土地的真实地租。

社会真实财富的增加及有用劳动量的增加，也间接地提高了土地的真实地租。

一个国家年产物的全部价格，都是由土地地租、劳动工资和资本利润这三大部分构成的。

这三个部分，就是地主、劳工、资本家三个不同阶级民众的收入。

这三个阶级，乃是文明国家的三个基本阶级。其他任何阶级的收入，追溯下去无不来源于这三个阶级的收入。

第一阶级的利益，也就是地主阶级的利益，与社会一般利益关系密切。但凡能增进社会一般利益的，也一定会增进地主阶级的利益；但凡损害社会一般利益的，也一定会损害地主阶级的利益。

三大阶级中，地主不用费心劳力，也无须精打细算就可以轻松获得收入，因此变得懒惰。由于这种怠惰，他们不仅陷于无知，而且没有脑力来预测国家的所有规定。

第二个阶级是以工资为生的劳工，他们的阶级利益与社会一般利益同样密不可分。

劳工阶级缺少了解社会一般利益的能力，也不能正确理解本阶级利益与社会一般利益的关系，他们没有时间去收集必要的有利信息，也不能对繁多的消息做出合理的判断。

在某种特殊情况下，劳动者也会发表意见，但劳动者的这种发言更多表达的是雇主的特殊意图，而不是劳工阶级自身的利益。

第三个阶级是雇主，他们靠利润为生，为追求利润而投入使用的资本，是促使社会有用劳动活跃的真正推动力。

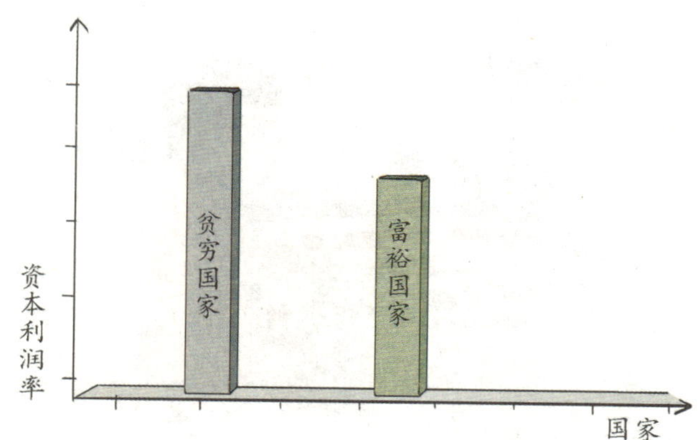

资本家所有规划与设计的目的都是获取利润，资本利润率在富裕的国家低，在贫穷的国家高，在快速走向衰败的国家里最高。

第三个阶级中的商人和企业主拥有和使用的资本量最大。他们是最富裕的两个阶层，每天都忙于规划和设计，比大多数乡绅地主更能理解他们自身的特殊利益。

不管是商人还是企业主，他们的诸多利益大部分与公众背道而驰。例如，扩展市场和缩减竞争是商人确信无疑的利益，但消费者却只能因此高价购买商品。

对于雇主阶级提议的任何一项新的商业规则，都必须审慎地加以分辨，绝不可轻易采用。因为这些人的利益很少与公众利益完全一致。通常情况下，他们为了自身利益需要欺骗大众，甚至是压榨大众。实际上，大众也常常被他们欺骗和压榨。

第二章

论各国财富增长的不同途径

第一节　财富的自然增长及罗马帝国崩溃后城市的兴起

财富的自然增长

文明社会中的重要商业，是在城市与农村居民之间进行的。主要是天然产品和制造业产品之间的交换，这种交换或直接进行，或通过货币或纸币这些流通工具进行。

农村会向城市供应生活资料和制造材料。

城市则将一些制造业产品返回农村，互惠互利。

可以毫不夸张地说，城市所拥有的财富和生活资料均来自于农村，城市不存在什么生活资料，也不可能存在对这种生活资料进行的再生产。但是，我们不能单从这一点就说城市所获得的利益便是农村的损失。其实二者并没有什么利害冲突，双方从彼此身上所获得的利益是一致的。

农村居民无须亲自加工自己所需要的产品，从城市购买即可，他们以自己不多的劳动产品交换到较多的制造业产品。

城市为农村居民的剩余产品提供了市场，过剩的物品可以运到城市去出售，以交换自己所需要的物品。

城市的居民多，收入高，农村居民剩余产品的市场就大，能造福更多的人，为他们带来更大的福利。

试比较一下所有郊区土地耕种情况与所有远离城市的地方的土地耕种情况，就会发现城市的商业对农村的影响之大。从未出现过城乡之间互通有无的贸易不利于城市或农村的言论。

通常生产生活资料的产业会比生产便利品和奢侈品的产业优先发展，人们会优先购买生活用品。

同理，农村的耕种和改良也会走在城市发展的前面。

城市的生活资料随着剩余产品的增加而增加。然而，城市的生活资料并不一定依赖于与其相距不远的农村，甚至也不一定依赖于国内的农村，而可从相去甚远的地方输入。虽然这是例外情况而非一般规则，但不同时代、不同国家的国民财富的增加却因此而迥然不同。

在利润几乎一样的情况下，人们宁愿投资于土地耕种和改良，也不愿将资本投入到制造业及对外商业上。

商人的资本经常处于市场的大风大浪之中，随时都有可能发生意外。而土地耕种却十分安全。

同时，乡村的别致景色、生活于其间的舒适愉悦感也吸引着每一个人。

有一些工匠的帮助，土地的耕种才能顺利实现，不然，只会遇到诸多不便，从而导致耕种断断续续。

工匠们因需要相互帮忙而居住在相距不远的地方，由于不用像农民那样一定要在某个地方固定下来，于是，就逐渐形成了小城镇。

后来，屠夫、酿酒师、面包师以及其他的工匠和零售商的加入促使城镇进一步壮大。

城市的居民与乡村的居民双方互为彼此提供服务。城市常常成为一个市场，由于乡村居民需要将天然产品拿到城市出售，以交换他们所需要的制造业产品，这就为城市居民提供了生产和生活的原料。城市居民所购买的原料量和食品量便取决于他们出售给乡村居民的制造业产品的数目。城市居民原料和食品增加的比例与乡村居民对制造业产品的需求保持一致，而这一需求的增加比例又与耕种和改良的发展情况保持一致。因此，如果人类的制度没有影响到事物的发展进程，那么城市财富的增加和发展,便都是乡村耕种和改良发展的必然结果，而且其比例也与之保持一致。

人们能够轻而易举地在北美殖民地购买到未被开垦的土地，但是在这些地方并不存在用于销售到遥远地方的制造业。

当一个工匠从经营的生意中所获得的资本，超过了为附近的乡村提供服务所需要的数目，他便不会将剩余的资本投入到用于销售到遥远地方而创立的制造业中，而是会投入到购买土地或对未被开垦的土地进行改良上。他心甘情愿从一个工匠变成一位农场主，从自己的劳动中获得所需要的生活资料。

相反，在不存在荒地或购买土地比较困难的国家，当工匠所获得的资本超过了为附近的乡村提供服务所需要的数目，他们将会建造工厂，为销售到遥远的地方而着手准备。这些工厂逐渐实行细密的分工，各方面就会由此而得到改善。

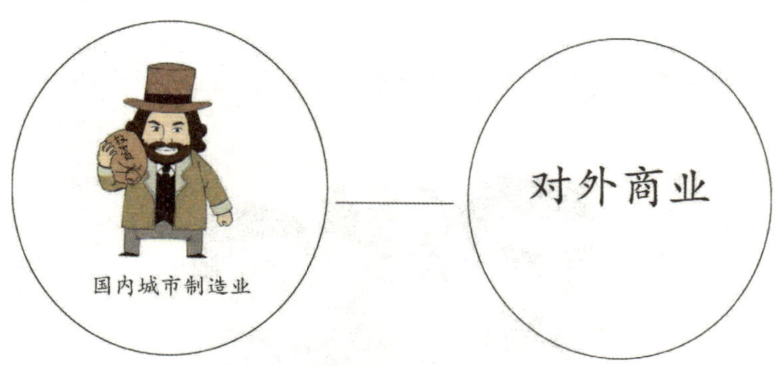

在利润几乎一样的情况下，相比于对外商业，资本家更乐意投资国内城市制造业。

海外贸易存在着很多风险因素，航海也要克服很多艰难险阻。

天然产品和制造业产品中的过剩部分，或在国内找不到用途的部分，才会作为交换本国所需要的物品而被运往国外。

所以从发展顺序来说，农业优先，之后是制造业，最后是对外商业。

尽管每个社会都或多或少会遵循这一自然顺序，但是就欧洲的情况而言，却在很多方面与之背道而驰。在欧洲的一些城市中，用于销售到远方的制造业大都是由对外商业引发的。制造业和对外商业又推动了农业的改良。这种与自然顺序背道而驰的顺序，是由政府促成的。正是这些城市原先的政府使他们的方式和习惯变成了这样。虽然后来的政府进行了大幅度改革，但是，他们的方式和习惯却并没有因此而改变。

罗马帝国衰亡后农业在欧洲旧状态下所受到的抑制

从日耳曼民族和塞西亚民族滋扰罗马帝国西部开始，欧洲发生了重大变革，而后几百年也扰乱不断。

野蛮民族对原有居民实施的掠夺和迫害致使城乡之间的贸易被迫中断。城市空无一人，成了名副其实的荒凉之地。

农村的耕地也被废弃，无人耕种。

在接连不断的扰乱中，这些民族的酋长或首领将很多土地收入囊中。

虽然这些土地中很多都是未被开垦的，但所有土地都已经被人占有，而其中大部分则是被一小部分地主占有。

一开始，这种对土地的占有造成的危害很大，然而，这或许只是暂时的事情。因为继承和分割的存在也许会使这些土地过不了多久就会从一整块被分割成很多小块。长男继承法的出现，使因继承而导致的土地分割现象得到遏止；限嗣继承制的出现，则限制了大土地不能因分割而被拆小。

在土地继承中，罗马人不分男女长幼，只要是自己的孩子都可以继承土地。他们将土地视为动产来分配。

然而在当时，土地不仅仅是一种维持生活的手段，更是权力的象征，土地拥有者可以像国王一样行使权力。

把全部土地完整地传给一个人才能增强权力。

长男继承法便应运而生。长男继承法是指土地所有者死后只有长男能继承土地。直系继承也随之产生。

实际上，虽然长男继承法最能维持贵族的体面，但这种制度只能让一个孩子富裕，其他孩子仍十分贫困。

限嗣继承制是随着长男继承法的实行而产生的。实施限嗣继承制原本是为了将财产传给嫡子，以防继承人因恣意而为或遇到不测而致使财产以赠与、转让或遗赠的方式被分割，落入非直系人的手中。罗马人对限嗣继承制的存在一无所知。尽管在一些法国法律学家看来，罗马古代的制度到后来仍然适用，但实际上，罗马人实行的预定继承人或以遗嘱指定继承人的方法，均与限嗣继承制大相径庭。

在大土地财产仍然是诸侯领地时，限嗣继承制的存在还是比较适宜的。而在后来的欧洲，无论地产大小，其安全所受到的法律保护是相同的，因此，再看这一法律的实施，就有些荒唐可笑了。但欧洲实行限嗣继承的地区仍然为数不少，尤其是在那些以贵族血统作为享受民事或军事荣誉所必不可少的条件的国家里，这种法律制度更是根深蒂固。

在这种制度下，动乱接连不断，大地主的精力都耗费在了保卫自己的领地或扩展领地上，而疏于对土地的耕种和改良。

当法律建立、秩序稳定的时候，他们又没有了心思，也没有那个能力。家庭和个人的支出，如果恰好与他的收入相等或超过了他的收入，他也就没有资本投入到这种用途上。

头脑灵活、会做生意的地主，出于对经济利益的考虑，则会将每年的储蓄投资于购买新地产。

这样的大地主对土地进行改良尚且希望渺茫，更不用说让隶属于他们的人对地产进行改良了。在欧洲旧秩序下，他们均为毫无自由的佃户。

那时的佃户就和奴隶差不多，地主在卖土地时可以将佃户一同出售，但只能出售给同一个人。

佃农不能积累财产。他们得到的所有东西均归主人所有，主人可以随时随地拿走他们的东西。

只要是奴隶对土地进行的耕种和改良，事实上均是他们的主人开展的，在此过程中的所有费用也是由主人支付的。种子、牲畜和农具均属于主人。因此，奴隶所获得的东西， 除了日常所需的生活资料之外，便没有其他的了。在这种情形下，土地属于主人，只是土地是由其奴隶耕种的。

在欧洲，继奴隶制度后，又出现了对分佃耕制。

地主会为佃农提供必备的种子、牲畜、农具等。

秋天丰收后，地主收回资本。

剩余的收成，地主和佃农一人分一半。

这种制度比起之前还是有所进步的，至少佃农也可以得到一部分土地生产物，但这时佃农依旧是利用地主的资本耕种土地，土地改良仍然是很困难的。

除此之外，欧洲对地主和农民实行的政策向来都对土地的耕种和改良十分不利。

1. 任何地方都规定，除非获得特许，否则谷物出口一律禁止。

2. 限制谷物贸易，甚至也限制国内其他一切农产品贸易，实行禁止垄断、禁止购买和禁止囤积的谬法，来形成市场集权。

即使是欧洲土地肥沃程度最高的国家，其土地的耕种事业也不免因禁止谷物出口的政策和某些对进口外国谷物的鼓励做法而受到阻碍，其他土地不怎么肥沃、地理位置比较偏僻的国家的耕种事业因国内谷物贸易限制、禁止谷物出口而遭受到阻碍的情况更是难以想象。

罗马帝国衰亡后城市的兴起与进步

罗马帝国衰亡后，居住在城市的是商人和工匠，他们的地位与奴隶无异，甚至还不及奴隶。

他们经常载着货物奔走在不同的地方，沿街叫卖，成了贫穷低贱的人。

那时欧洲各国经常对那些从庄园或桥上通过、带着货物从一个市场赶往另一个市场、在集市上摆摊的人征收赋税，也就是所谓的过境税、过桥税、落地税和摊贩税。

但是有权征收这些税种的国王或大领主，也有权免除那些居住在自己领地内的商人的税收。因此，这些商人仍可被称为自由商人。

出于金钱的考虑，国王制定了税收政策。

由在一定年限内任职的市级长官或其他人代为征收。

但市民自己往往能够取得本市对这种税收的承包权，他们对这种税收负责。随着时间的推移，税收永久地包办给了市民，而且征收的数额也永远不变。

因此，获得其他各种税收豁免的人便不仅仅限于个人，而是推及到了某一城市的所有市民。这一城市由此便称为“自由市”，其市民也因此而被称为“自由市民”或者“自由商人”。

城市居民所获得的权利除此之外，还有自由嫁女权、子女继承权和遗嘱权。低贱的地位和奴隶制度的主要特征从他们身上消失了，从这一时刻开始，他们实现了我们现在所说的自由。

他们还会建立一种自治机关，这一机关有权选举市长、设立市议会、颁布市法规等。

并且修建城堡以防御外敌入侵，令自己的所有居民参加军事训练，承担防御和保卫的职责。

在遇到外敌入侵和偷袭时，只要是城市内的居民，都要不分昼夜地尽巡逻和保卫的义务。

在英格兰，市民不必受州郡法庭的管辖，除非是公诉，否则他们的所有诉讼都是由自己的市长判决。在其他国家，市长获得的裁判权更大。

城市相继确立，各城市的秩序良好，有能保障个人的自由和安全的良好政府。然而这时，农村的土地占有者仍然遭受贵族的种种迫害。

在农村，农民不敢反抗，人们只求种的粮食够吃，因为生产粮食的量太多会受到更大的剥削。

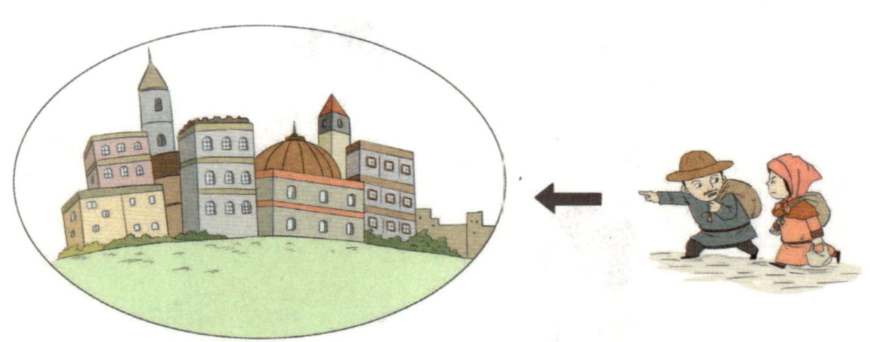

农村勤劳的居民，一旦手中积蓄了一定的财产，就会逃往城市，将城市视为他们唯一能够获得安全的避难所。

不管怎么说，城市居民的食品、材料和工具均来自于农村。但是邻近海岸或通航河道两岸的城市居民，却不必依赖于邻近的农村，而从遥远的国家获得他们所需要的各种物品。

沿海城市居民的活动领域要比一般城市大得多，他们可以用自己加工的产品进行交换，或者经营各个国家之间的中间商贸易，用甲国的产品交换乙国的产品。

在邻近的农村地区和与他们进行贸易的所有国家都很贫穷落后的时候，他们所在的城市却逐渐发展。

商业城市往往会从富有国家进口制造业产品和昂贵的奢侈品，以供大地主满足其虚荣心，而大地主都很乐意拿本国的众多天然产品来交换这些物品。

这种嗜好一旦在国内普及起来，就会产生巨大的需求，商人出于对节省运费的考虑，就在国内建立一样的制造业。

因此，罗马帝国衰亡之后，欧洲西部各个地方开始建立用于销售到远方的制造业，使得城市制造业更发达。

第二节 城市商业对农村发展的贡献

工商业城市的增加和富裕，对于其所在农村的改良和耕种所做的贡献主要是通过三种途径实现的。

第一种，为其所在农村的天然产品提供了一个广阔而又方便的市场，鼓励了农村对土地的进一步改良和耕种。

享受到这种实惠的除了城市附近的农村之外，还有所有与城市有贸易往来的农村。

当然，享受到实惠最大的还是要数城市附近的农村，因为它离城市最近，运输天然产品所需要的费用也比较少。

第二种，城市居民往往将获得的财富用于购买能够销售的土地，而这些土地大都是尚未开垦的土地。

商人们都非常希望自己成为乡绅，并且在成功转型后，对土地进行改良。

乡绅一向大手大脚惯了，只会花钱，却从来不懂得改良土地，也不去想怎么赚钱。

而商人却只会将钱投资在有利可图的事情上，每一笔钱花出去之后都想着能产生利润。截然不同的花钱习惯使他们一个成为勇敢的经营者，一个成为畏缩的经营者。

因此，土地的改良确实要寄希望于购买土地的商人。与乡绅相比，商人按照这种方式进行的资本运作更活跃。除此之外，商人因经商而养成的讲究秩序、看重节省、谨慎的习惯，也使他一旦对土地进行改良，便能取得成功，而且还能获得利润。

第三种，从前，农村居民时常生活在持续不断的混战和压迫状态下。他们经常与邻近的人交战，又时常被贵族所役使。随着工商业的发展，有序的生活、稳定的政局也使农村居民的自由和安全得到保障。这一点所产生的效果是最重要的，但却很少有人注意到。

在既没有对外商业，又没有精密制造业的农村，大地主从土地中所获得的产品除了支付给耕作者那一部分外，剩余部分被用在招待宾客上。

大地主的身边经常围绕着成群的仆人和侍从。这些人依靠地主的恩惠生存，他们对地主只有服从，也没有任何等价的物品用来回报地主的供养。

这些侍从或仆人依附于地主，绝对听从地主的命令，他们的生活资料都来自于地主的恩赐。一切由地主的好恶决定。

平时，大地主是境内居民的法官。

战时，大地主则是他们的首领。他们拥有调动境内所有居民以反抗不公正行为的权力。

因此，在地主自己的领地内，他们俨然是维持治安和执行法律的人。拥有这种权力的人，在古时大概也只有那些封建诸侯，就连国王也没有。虽然封建等级秩序已经确立，但是国王仍然不能控制大贵族的暴行。各大贵族仍然根据自己的意愿随意发动战争，相互间不断地交战，甚至经常对国王发动战争，而农村仍然处于混乱状态之中。

然而，一切封建制度的强制力量无法实现的事情，却由对外商业和制造业在潜移默化中实现了。

对外商业和制造业的兴起，渐渐使大地主将从土地中获得的全部剩余产品与其他物品进行交换。

于是，他们所获的地租便可由自己消费掉。地主就不再愿意与别人共享自己的财产了。

他们会愿意购买一对钻石纽扣，或其他一些无价值、无用处的东西。这些钱可以给 1000 个仆人提供生活资料，但他们宁愿逐渐舍弃从中获得的势力和权威，也不愿意与他人共享。

为满足自己的虚荣心和购买需求，地主将不必要的仆人全部辞退了。

因从土地上榨取了尽可能多的价值，地主所获得的剩余产品也逐渐增多，剩余产品的价格也逐渐提高。这一较大的剩余，也使他能从工人和农场主那里获得更多的商品。

此外，地主还提出提高地租，佃农为了自己 的利益则要求延长租期，地主出于虚荣心的考虑，答应了佃农的要求。租期由此便得以延长。

租期延长之后，除去那些在租约中清楚表明的或习惯做的内容，地主再也不能从佃农那里享受到任何额外的服务。为了追求奢华的生活，大地主失去了最重要的权力。

对于公共福利而言，这是一种非常重要的变革，但它的实现却是由两个丝毫不愿考虑公众福利的阶层的人促成的。满足最幼稚的虚荣心乃是大地主的唯一出发点。至于商人和工匠，虽然不像大地主那么可笑，但也只是为了自己的利益。他们所追求的不过是去一个有利可图的地方能赚多少钱就赚多少钱。大地主的愚蠢、商人和工匠的勤劳，最终促成了这场变革的完成，然而，他们对变革却始终不了解，也没有预见。

欧洲大部分地区的商业和制造业就在这种情况下成为农村土地耕种和改良的原因，而不是其结果。

第三章

论政治经济学体系

第一节 重商主义的原理

重商主义的基本原理

财富是由货币构成的这个普遍流行的观点，是因为货币具有交易媒介和价值尺度的双重作用自然而然产生的。

在封建时代，土地是衡量富人的尺度。

在货币广泛流通之后，货币则成了衡量富人的尺度。

货币是交易工具，所以，我们用它可以比用其他商品更方便地取得所需的商品。

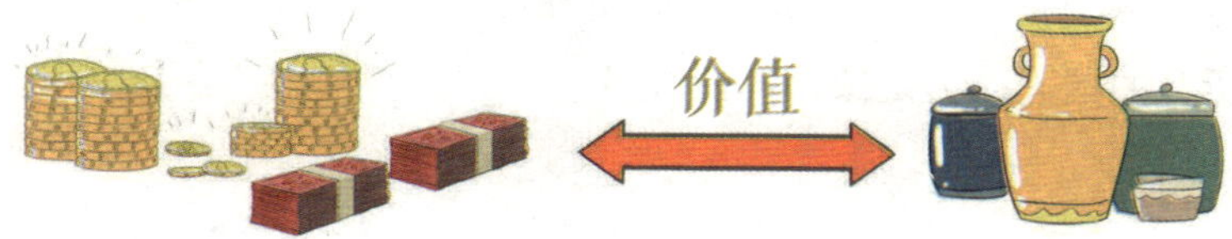

又因为货币具有价值尺度的功能，所以，我们常常用它来估算各种商品的价值。

拥有大量货币的人称为富人，仅拥有少量货币的人称为穷人。

节俭的或急于变富的人，称为爱货币的人；不谨慎的、大方的、浪费的人，称为看轻货币的人。

综上所述，财富与货币几乎可视为同义语。

像富人一样，富国往往被认为是拥有大量货币的国家。贮积金银更被所有的国家认为是致富的捷径。

在美洲被发现后的一个时期里，西班牙人每到一个陌生海岸后问的第一个问题就是附近是否发现了金银矿。他们根据这个情报来判定这个地方是否有征服的价值。

约翰·洛克先生曾经指出过货币和其他种类动产的区别。

约翰·洛克

另一些人却认为，如果一个国家能够脱离全世界而独立存在，那么国内流通的货币是多是少，就无关紧要了。因为各个国家货币有多少之分，所以以这种货币为流通媒介的消费品，也会换得或多或少的货币。他们也承认，这样的国家是富庶是贫困，实际上取决于这类消费品是充裕还是匮乏。但那些同外国有联系，并且有时不得不和外国作战，因而必须维持军队的国家，却又有不同的看法。他们认为，只有向国外送出货币来支付给养，才能在远离国家的地方维持军队，而只有国内有大量的货币，才能向外送出货币。所以，每个这样的国家都必须尽力在和平时期蓄积金银，这样，一旦有需要，才会有财力支持对外战争。

因为存在这种普遍认同的观点，所以尽管没有多大的成效，欧洲各国仍竭尽全力地研究所有可能在本国收集金银的方法——在各地寻找金矿银矿。

这种做法逐渐在各国开展起来，同时，不仅是英国，其他国家也认同托马斯·孟的重商主义思想。

托马斯·孟（1571—1641），是英国晚期重商主义的代表人物，他的代表作《英国得自对外贸易的财富》被看作“重商主义的圣经”。重商主义主张“货币是财富的源泉”“贮积金银是致富捷径”。

亚当·斯密对于重商主义的观点却并不认同。

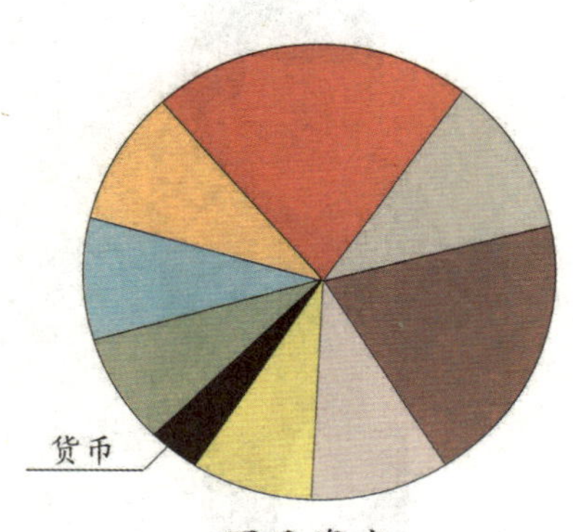

国民资本

亚当·斯密认为货币是组成国民资本的一个部分，但通常只占据很小的一部分，而且是利润最少的一部分。

从长远的角度来看，用货物吸引货币似乎比用货币吸引货物更有把握。因为，和货币相比，货物除了可以购买货币外，还可以有许多其他用处。

但是货币除了购买货物外，就没有其他任何用处了。

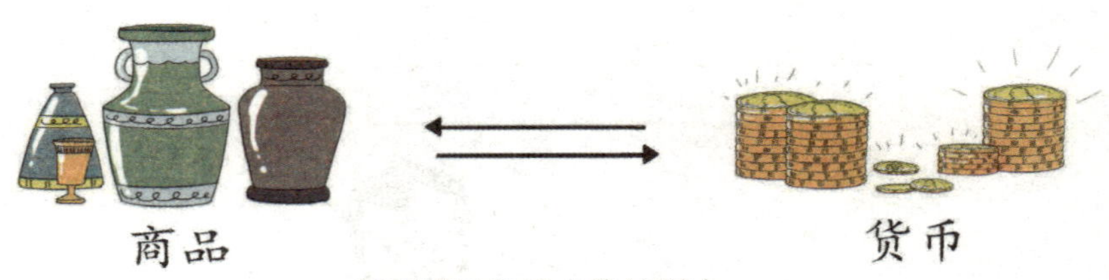

货币就是商品交换的媒介。

货币本身也是一种商品。

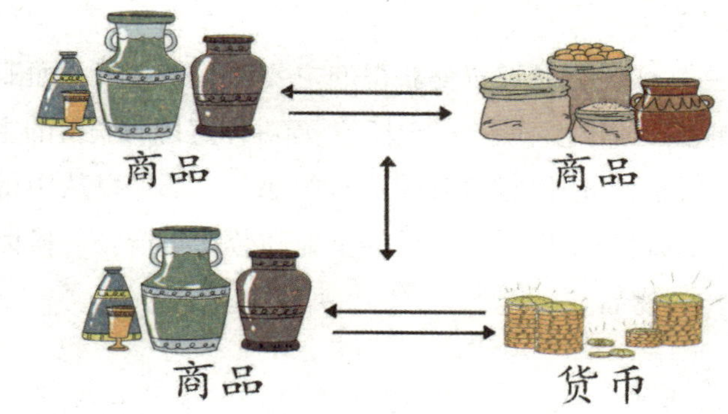

因而货币和商品的交换与商品和商品的交换是一样的。

此外，亚当·斯密还认为，一国要维持在异国的军队并进行对外战争，并不一定要蓄积金银，而应依靠可消费物品。

维持军队的不是金银，而是可消费的物品。在异国购买这类可消费物品的财力就是国内土地和劳动的年产物，有了这些收入的国家，就能维持在异国开展的战争。

一个国家通常有三种不同的方法来支付在异国作战的军队的军饷。第一种，把蓄积的一部分金银运往外国；第二种，把制造业年产物的一部分运往外国；第三种，把土地原产物的一部分运往外国。

重商主义的贸易原理

重商主义认为，通过贸易获得的主要利益是金银，而亚当·斯密却认为金银输入本国，不是一个国家经营对外贸易所获得的主要利益，更不是唯一利益。任何经营对外贸易的地方，都可以从中得到两种不同的利益，也就是输出本国剩余的土地和劳动年产物，换回本国需要的其他种类的物品。

正如一个没有葡萄园的国家需要从国外进口葡萄酒。

国内剩余的劳动产物也应该出口到国外，交换得到其他需要的商品。

通过这个方法，国内市场有限就不会阻碍国内各工艺部门的分工达到完善的程度。

国内消费不完的剩余劳动生产物拥有了一个更广阔的市场，这也鼓励人们改进生产力，尽可能多地增加年产物。

这种做法增加了社会的真实财富和收入。这为进行对外贸易的各国做出了巨大的贡献，并且，这种贡献将一直持续下去。而把金银输入到没有金银矿山同时又需要金银的国家，固然是对外贸易的一部分，但相对来说，也是最不重要的一部分。

美洲的发现为欧洲的商品开拓了一个广阔的新市场，让欧洲更加富裕。

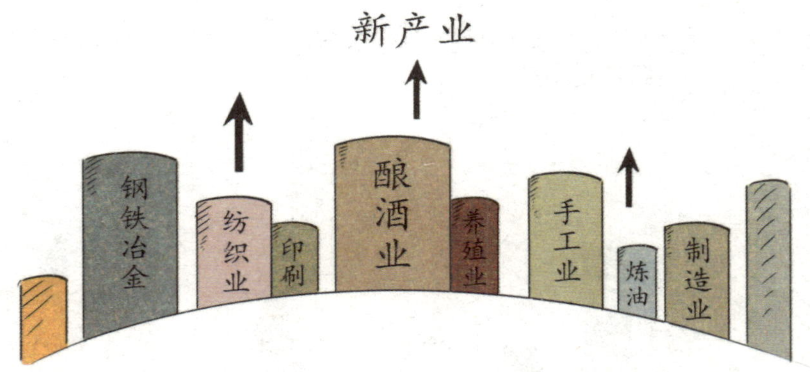

新市场带来了分工的进步和技术的改良，产生了很多新产业。

随之，劳动生产力改良，欧洲各国的生产物也大幅增加。

人们的实际收入和财富也有所增多。

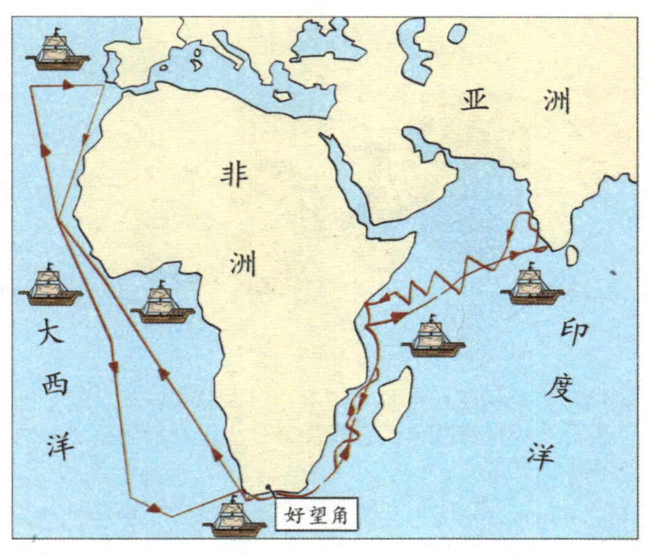

几乎在发现美洲的同时，经由好望角至东印度的航道也被发现了，虽然距离更远一些，但可以说是开拓了一个更广阔的国外通商市场。

美洲被发现的时候，除了两个民族外，其余都还没脱离野蛮的状态，这两个民族在被发现后不久也被消灭了。

虽然和美洲相比，中国、印度、日本没有更丰富的金银矿资源，但是在制作工艺方面，则比美洲的秘鲁、墨西哥等国更先进。

相较于和没有开化的野蛮国家交易，和文明富庶的国家交易，获得的价值当然要大得多。而重商主义认为国家缺少金银，就要采取一系列限制进口、奖励出口的政策。而亚当·斯密认为，这种政策并不能增加国家的财富，反而影响了产业的分工和发展。

对本国能生产的商品实施的输入限制

限制进口的措施有很多，通过高额关税或者绝对禁止来限制输入本国可以生产的商品，就在一定程度上让国内的这个产业享有了垄断权。

例如，禁止从外国输入活家畜，英国畜牧业就享有了对国内肉类市场的独占。

对谷物输入征收高额关税，英国的谷物生产业就能独占国内市场。

对外国羊毛输入实行禁止，同样有利于英国的羊毛生产。

还有许多其他的制造业，也取得了或者是差不多取得了不利于本国同胞的垄断权。这种对国内市场的独占，毫无疑问极大地鼓励了国内的这些产业。它会让社会上大部分的劳动和资财不再流向它原来的方向，而是流向这些行业。但是这种办法能不能增进社会的一般产业，能不能引导国内产业向着最有利的方向发展，并不十分明确。

比如，某国的服装产业为垄断市场，对进口服装征收高额关税。

本来卖 200 元的进口服装，征收两倍关税之后，价格涨到了 600 元。

这使大批人只能购买价格便宜的国产服装，国内服装产业就独占了整个市场。

很多投资者出于个人利益，都来投资服装业，但国内市场的需求量却是有限的。

这就导致整个社会由于服装业投入过多而受到损失，经济萧条。

亚当·斯密认为，每个人都为他所能支配的资本不断地寻找着最有利的用途。他在心里所考虑的当然是自己的利益，而不是社会的利益，但是他为自己考虑的结果，自然或者说必然会引导他选出对社会最有利的用途。

他们愿意投资维持国内产业而不投资国外产业，只是从自身的安全出发；他们积极指导产业的发展使生产物的交换价值达到最大限度，也只是考虑到了自身的利益。他们是受着一只“看不见的手”的指导，无意间竭力达到了一个他们从来没有考虑过的目标。他们不考虑这种目标，未必就对社会有害。他们径自追求自身利益，往往能更有效地促进社会利益的实现。

这只“看不见的手”正是人类社会要遵循的法则，使社会得以协调健康地发展。

正如钟表制作好后就会按规则自己转动，准时为人们报时。

利己心也是驱动人们行为的法则之一，如果总想着如何促进社会利益，结果往往达不到这样有效的程度。

增加国外产业的负担，以鼓励国内产业，似乎只有在下面两种情况下是有利的。

第一，事关国防的特定产业。对于这类产业，通过增加国外同类型产业的负担，从而促进国内同类产业的发展是很有利的。

为了鼓励本国航海业的发展，英国制定了《航海条例》。

当时英国受到荷兰海军的挑衅威胁，此法律旨在保护英国的船员和船只。

《航海条例》规定，其他国家的商品运到英国及英国殖民地时必须使用英国的货船。

另外，其他国家的货船途经英国也要使用英国的货船。

若使用他国船只进口商品，则要征收高额关税。

规定使荷兰的贸易受到打击，海上力量被削弱，
英国海域恢复了平静。

这样的规定使得很多外国货船不愿再到英国来，进入英国的外国船只减少。和贸易完全自由的时候相比，英国不仅在购买外国货物的时候花得更多，而且在售卖本国货物时赚得更少。但是，国防和国富相比要重要得多，所以亚当·斯密认为，在英国各种通商条例中，《航海条例》是最明智的一种。

第二，本国某种特定产业的生产物如果在国内需要征收赋税，那么增加国外同类产业的负担，通常也是有利的。

比如，国内的海鲜产业需要缴税。

那么，就对国外的海鲜产业也征收等额的赋税以鼓励国内海鲜产业。

这种办法不会让国内产业独占国内市场，也不会让流向这个产业的资财和劳动多于它所需要的。征收赋税的结果，仅仅是促使一部分的资财和劳动稍稍偏离它本来应该流向的方向。税后，本国产业和外国产业仍然像税前一样，站在差不多平等的位置上进行竞争。所以，在英国，如果对本国产业的生产物征收赋税，那么就一定会对外国输入的同类产品征收更沉重的赋税，以免国内商人和制造业者发出自己的商品要在国内贱卖的抱怨声。

对贸易逆差国货物输入的异常限制

关于如何增加国家金银存量，重商主义所提倡的第二个方法，是限制那些被认为使本国处于贸易逆差的国家几乎所有商品的输入。

这种针对彼此的限制，几乎断绝了两国间的所有公平贸易，法国商品进入英国和英国商品进入法国，主要都靠走私。

比如，法国大部分农产品和制造业产品至少要上缴 75% 的赋税。

由于大部分货物实在承担不起这样沉重的赋税，英国决定限制进口法国的商品。

为了报复，法国肯定也会对英国输出到他们国家的商品征收同样沉重的赋税。

第一，就算英、法两国间自由通商的贸易差额确实对法国有利，我们也不能因此便得出结论，认为这种贸易对英国不利，更不能因此便断言英国全部贸易的总差额，也将因为这种贸易而对英国更加不利。

同样是葡萄酒，法国的比葡萄牙的物美价廉。

同样是麻布，法国的也比德国的物美价廉。

因此，英国向法国购买需要的葡萄酒和麻布当然比向葡萄牙和德国购买更有利。这样一来，从法国输入的商品的价值，当然会大大增加，但是因为同样的商品，法国的比葡萄牙和德国的便宜，所以总的来说，法国全部输入商品的价值肯定会减少，而减少的数量，和商品的便宜程度成一定的比例。就算法国输入的商品全部都在英国消费，情况也是如此。

第二，输入到英国的商品，事实上并非全部都由英国人自己消费，而是有相当大的一部分会为了赢利而再次贩卖，输出到其他国家。

比如，英国可以将从法国进口的商品再出口到东印度，这种贩卖，可能会带回和法国输入到英国全部商品同等价值的利润。

第三，两国间的贸易差额究竟对哪个国家有利，换句话说，究竟哪个国家输出的价值更大，是很难判断的一个问题。判断的时候，没有一个很明确的标准。这种问题，通常根据国民的片面见解和敌对情绪来判断，而国民的片面见解和敌对情绪又常常为个别商人的私利所左右。

亚当·斯密认为，就算是从重商主义的原理出发，也没有必要限制那些被认为贸易差额不利于英国的国家的产品的输入。

让这种限制以及许多其他商业条例得以建立的整个贸易差额学说都是非常不合理的。这种学说认为，当两地通商时，如果双方的贸易额平衡，那么谁都没有损失也没有获得利益；如果贸易额稍微有一点点不平衡，那么就一定有一方遭受了损失、另一方获得了利益，损失和获利的程度和贸易额不平衡的程度成比例。但是这两种设想都是不正确的。

如果两地间的贸易全部由两国生产的商品的交换构成，贸易额又恰好平衡，那么在大多数情况下，交易双方不仅都会有好处，而且所得到的利益也一定相等或差不多相等。

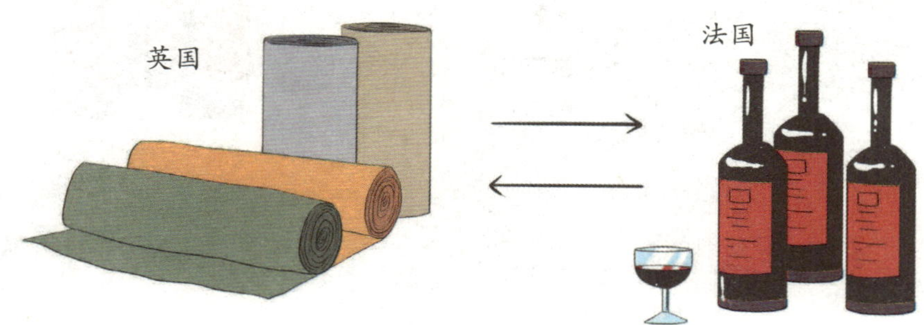

比如，英国可以将多余的布料出口到法国，法国也可以将剩余的葡萄酒出口到英国。

这样英、法两国的贸易额就平衡了，双方所得的利益也相差无几。

如果甲国向乙国输出自己生产的商品，乙国向甲国输入的回程货则全部是外国商品，假设两国的贸易额仍然是平衡的，而且双方都用商品支付，在这种情况下，两国仍然都可以获得利益，但获利的程度是不同的。从这种贸易中获得最大利益的，是那个只输出本国商品的国家。

比如，法国输入英国的全部都是自己生产的商品，如葡萄酒，但英国没有法国所需要的商品，所以英国每年都得用大量像烟草、东印度的货物等这样的外国货物来支付。

这种贸易虽然仍然可以给两国国民提供一些收入，但是提供给法国国民的收入肯定大于提供给英国国民的。

不过，两国间的贸易既不可能双方全用自己生产的商品进行交换，也不可能一方全部用自己生产的商品，另一方全部用外国商品进行交换。几乎所有国家之间所交换的商品，都是有一部分是自己生产的，有一部分是外国生产的。但是，两者相较，交换的商品中自己生产的商品占大部分而外国商品占小部分的国家，总是得到利益比较多的。

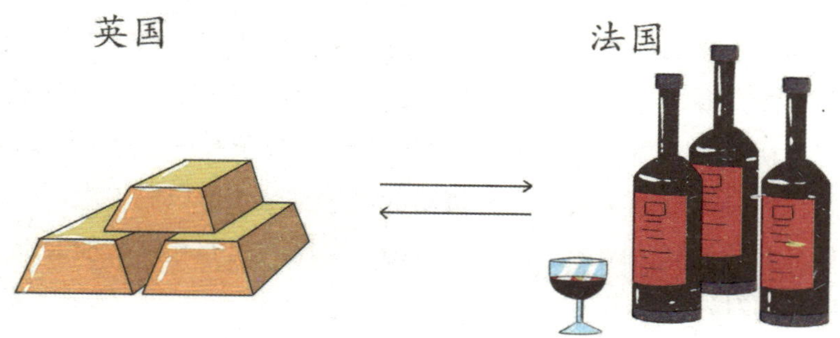

假设英国不是用烟草和东印度的货物，而是用金银支付法国每年的输入商品，比如葡萄酒，那么贸易额就被认为是不平衡的。

其实，在这种情况下，它们也能给两国人民提供一些收入，不过提供给法国人民的多一些，提供给英国人民的少一些罢了，但英国的人民也是能从中获得利润的。

法国和英国之间的贸易，如果两个国家都能理性地考察两国贸易真实的利害关系，那么就会发现，对于英国来说，和法国进行贸易将比和欧洲任何其他国家进行贸易都更为有利；对法国来说，和英国进行贸易也将比和欧洲任何其他国家进行贸易更为有利。

法国是英国最近的邻国。英国南部沿海各地与法国北部及西北部沿海各地之间进行的贸易，就好像国内贸易一样，每年可以有 4 次、5 次，甚至 6 次。同样的资本，投在英国和法国之间的贸易上，可以比投在其他大多数对外贸易上多推动 4 倍、5 倍，甚至 6 倍的产业发展，能够雇用和养活的人数也将有 4 倍、5 倍，甚至 6 倍。这两个国家就算是相隔最远的两个地区进行贸易，每年也至少可以有 1 次。所以，就算是两国最远的两个地区进行贸易，也比英国和欧洲其他大部分地方进行的对外贸易有利。

第二节　退税制度与奖励金制度

退税制度

商人和制造业者垄断了国内市场还不满足，还想让自己的货物垄断广阔的外国市场。但是，他们的国家在外国并没有管理权力，所以要垄断广阔的外国市场，几乎是不可能的。因此，只有要求奖励输出了。

在各种各样的奖励中，退税可以说是最合理的了。退税制度是指在商人输出货物时，退还商人缴纳的本国产业税或国内税的全部或一部分。和没有征收税款时相比，货物的输出量并不会增大。

比如，某生产手套的公司，每生产一副手套，国家都要征收 3% 的税金。

但以出口为目的的手套则免征收税金。

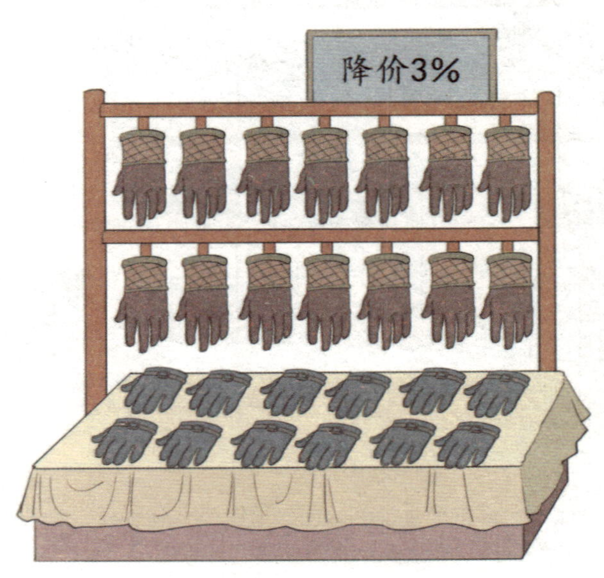

这样就导致此公司手套的价格下降了 3%。

公司大批量生产手套以备出口之需。

同样的道理，自外国输入本国的货物，再次输出时，也可以获得退税。在英国，退税金额相当于输入税的大部分。

有些外国商品在输入时，就已经注定了输入量会大大超过国内能消费的量，那么在再次输出时，就会退还已经缴纳的全部税款。

在美洲殖民地独立前，英国独占马里兰和弗吉尼亚的烟草市场。输入到国内的烟草约有 9.6 万大桶，但据说国内消费还不足 1.4 万大桶。

剩余的烟草需要再次输出到国外。为了方便这种巨额的输出，相关法律规定只要在三年内完成输出，就退还缴纳的全部税款。

关税收入不但不会因为这种退税而减少，还会因为这种退税而增加。因为在退税时，只是退还了一部分的关税，还有一部分的关税是要保留的。如果全部关税都被保留而不加退还，那么缴税的外国商品因为缺少市场不能输出，因而也不会再有输入了。这样，本可以保留一部分的关税便一点也没有办法保留了。

因为这些理由，在商品再次输出时，全部退还对本国产品或者是外国产品征收的赋税似乎也是合理的了。当然，在这种情况下，国产税的收入一定会多多少少地受到损失，而关税的收入就可能遭受很大的损失。但全部退还关税之后，产业的自然平衡、劳动的自然分工和分配，也将因为这种规定而更加接近平衡。

奖励金制度

有时英国政府会对某些产业自己生产商品的输出发放奖励金。重商主义认为，正是因为有这种奖励金，英国商人和制造业者才能用和竞争者同样低廉，甚至更为低廉的价格在外国市场上出售货物。输出量将因此增加，而贸易差额也将因此变得对英国有利。这是个富国富民的好办法。

事实上，不论什么商业部门，只要商人卖出货物得到的价格可以补偿这种货物生产和进入市场所花费的资本并提供一般利润，他们就不需要奖励金。

某些企业为了拿到奖励金特意去生产出口的产品。

所有输出的奖励金都使人民身上增加了税收，国家又将国民的税金作为奖励金付给企业。

这样的政策不仅增大了国民赋税的负担，鼓励资金流向了利益小的方向，也使整个社会的财富受到损失。

但亚当·斯密认为，为从事捕鱼的渔民发放奖励金虽然不会增加国民财富，却有助于国防建设。

给捕鱼的渔民发放奖励金，海上船员和船只的数量就会增多。

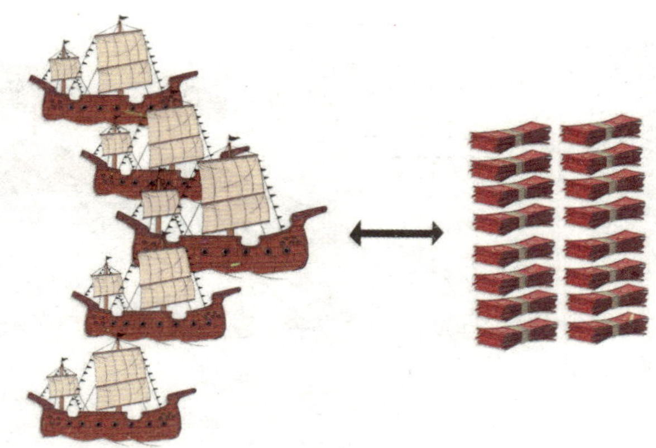

国家要维持一个庞大的常备海军花费巨大。

战争爆发时，船员们也可以充当海军，不仅加强了海上力量，费用也节省很多。

如果某种制造业是维护国防需要的，那么依靠邻国供应就很不聪明了。如果这种制造业只有在奖励金的帮助下才能在国内开展起来，那么对其他所有产业征收赋税来保证这种产业开展下去，也不一定不合理。对英国制造的帆布及火药发放输出奖励金，也许可以依据这个理论进行辩护。

奖励金有时候就是退税，不能等同于真正的奖励金。

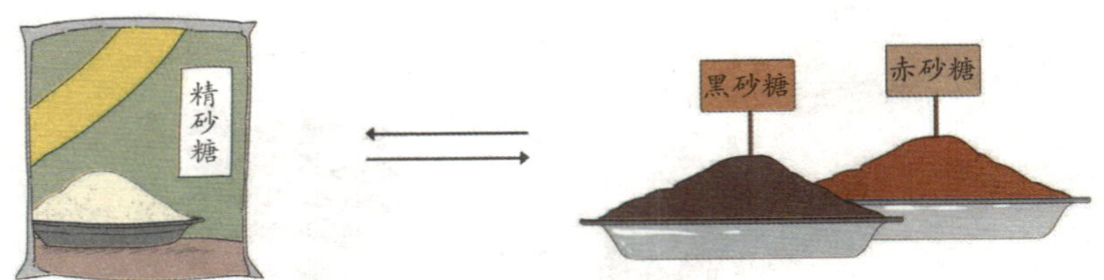

例如，对输出精砂糖发放的奖励金，就可以说是对赤砂糖、黑砂糖的出口退税。

对输出精丝制品发放的奖励金，就可以说是对生丝、捻丝输入时所征收赋税的退还。

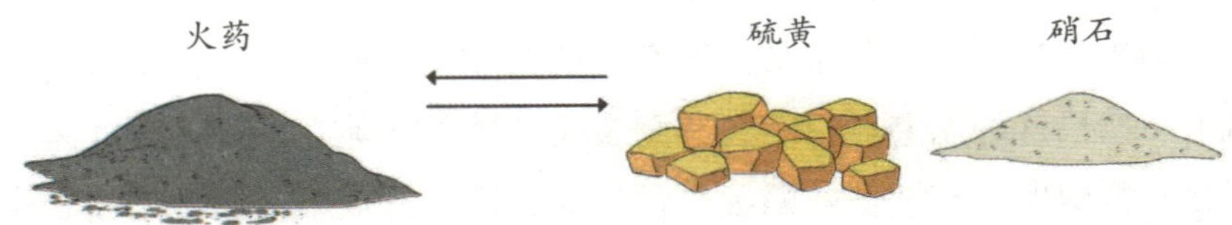

对输出火药发放的奖励金，就可以说是对硫黄、硝石输入时所征收赋税的退还。

用关税术语来说，只有那些输出和输入时形态相同的货物在输出时得到的津贴，才叫作退税。如果输入以后，货物形态经过了某种制造业的加工，产生了新的名称，那么用新名称获得的津贴就叫奖励金。

对于那些有业务专长的人和制造业者，社会发放给他们的奖金，也不等同于奖励金。

奖金虽然可以奖励高超的技巧与技能，从而提高正受雇于各个行业、在各自岗位上工作的工人的竞争欲望，但不能让一个国家的资本违反自然规律，过多地流向任何一个行业。这种奖金不会打破各行业间自然形成的平衡，却可以让各行业的产品尽可能地接近完善。此外，奖金的花费很少，但是奖励金的花费却很大。

第三节 论殖民地

建立新殖民地的目的

最初欧洲人在美洲及西印度群岛建立殖民地的目的，并没有古希腊、古罗马建立殖民地那么明显。

古希腊各个城邦都只占有很小的一块土地。

当任何一个城邦的人民多到本邦土地不能支撑时，它们就派遣一部分人民出去，在世界上其他的地方寻找新的安身立命之所。

周围喜欢征战的邻国，让其中的任何一个城邦都很难在国内大范围地扩大领土。多利安人就只有到意大利及西西里去，希腊的爱奥尼亚和伊奥里亚这两大部落的人，则只有到小亚细亚及爱琴海等地去。

古希腊的殖民地是自治统治的独立国家。

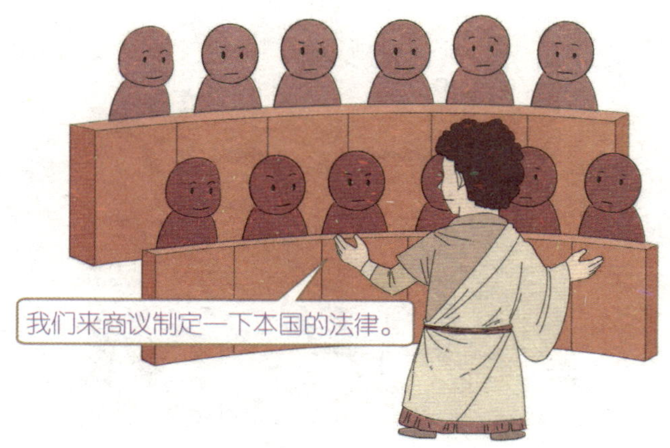

殖民地可以决定本国的政治体制、制定本国法律、遴选本国官员，而且可以用独立国家的身份向其他国家宣战或者是与之和谈，不需要母国的认可或者首肯。

就像古时候其他大部分共和国一样，古罗马是依据土地分配方法而建立的，也就是将全部的公有土地，按照一定的比例分配给组成国家的各个市民。

结婚、继承、割让等人为变化使得本来应该用来供养许多家族的土地都被富人占有，土地分配日益不均。

在当时，没有土地的市民占大多数，他们很难维系自由人的独立，也几乎没有生活来源，在护民官的鼓动下，他们团结起来与富豪对抗，但仍无济于事。

为了在一定程度上满足人民的要求，富豪们通常会建议建立新殖民地。

大多数情况下，罗马帝国会把征服的意大利各地的土地分配给他们。

在殖民地，市民只能成立自治团体。这种自治团体只有制定地方法律的权力。

但在司法权及立法权方面，殖民地仍然需要服从母国。

这种殖民地的建立，并不仅仅是为了满足一部分人的要求，还可以借着这个机会在当地建立一种守备队。因为这个殖民地刚刚被征服，当地人民是否服从还不能确定。由此可见，不论是从性质上，还是从建立的目的上，罗马殖民地和希腊殖民地都是完全不相同的。

欧洲人在美洲及西印度建立殖民地，并不是因为某种必要；殖民地的建立虽然最后带来了很大的利益，但是这种利益却并不是那么明显。在殖民地建立之初，没有谁知道会带来这样的利益；建立和发现殖民地，也不是为了这种利益。

14—15 世纪，威尼斯人把从东印度购买的香料等货物贩运到欧洲其他国家进行售卖，获得了巨额利润。

15 世纪，葡萄牙人努力开拓海路，发现了好望角，实现了对威尼斯的贸易利益的分割。

在欧洲人还在质疑葡萄牙人的计划能否成功时，哥伦布从帕罗斯起航，经过两三个月的航行，发现了小巴哈马群岛、圣多明各岛。

哥伦布推断圣多明各是个金矿丰富的国家。

就这样，西班牙人开始了去美洲探险的旅程。

欧洲其他各国想到美洲去殖民的冒险家，也都受到同样想法的驱使，尽管成功的程度各不相同，但开拓美洲殖民地的热潮开始了。

新殖民地繁荣的原因

被殖民的地区，或者是土地荒芜，或者是人口稀少、当地人很容易就把土地让出去的地区。但不论怎样，这些殖民地都可以用比其他任何社会更快的速度，变得富有和强大。

殖民者将农业和手工业方面的技术传入殖民地，还把正常政府、维护政府的法制、正常司法制度等观念一起带了进来。他们在殖民地开垦土地，成立政府，建立工厂。

美洲的土地也很肥沃，利于改良耕种，殖民地也因此越来越繁荣。

法国、荷兰、丹麦等国的殖民地由一个特许公司单独统治。在交易过程中，这个公司压制殖民地的自由活动，使得殖民地的发展速度变慢。

在所有的殖民地中，发展最快的是英国在北美洲的殖民地。

所有殖民地得以繁荣的原因都有两个，一个是广阔而肥沃的土地，一个是可以用自己认为最合适的办法处理事务。

从有广阔而肥沃的土地这一点来说，英国的北美洲殖民地虽然不能说差，但是和西班牙、葡萄牙的殖民地相比，就没有那么好了，也没有战争之前法国人的某些殖民地好。但从政治制度来说，英国殖民地却比其他三国中的任何一个都更有利于土地的改良与耕作。

第一，在英国殖民地，对没有开垦土地的单独占有，虽然没有能够完全禁止，但是却比其他国家的殖民地多了一些限制。

殖民地法规定，每个地主都有义务在规定的时间内开垦并耕作一部分的土地，如果不执行这项义务，这片土地就视为无人管理的土地，政府就可以把土地转交给其他人。

第二，在宾夕法尼亚，没有长男继承法，土地就像所有的动产一样，被平均分配给家中所有儿女。

土地被分割给很多人，每个人只占有少量的一部分。

割让使得英国殖民地的土地更广阔，价格更低廉，利于改良耕种，因而比其他国家殖民地的土地生产物更多。

第三，英国殖民地人民的劳动，不仅可以提供更多和更有价值的生产物，而且因为征收的赋税比较合适，所以当地人民生产物的相当大一部分还是归他们所有，被储存起来用来维持更多的劳动量。

大部分土地生产物归人民所有，可以储蓄起来，用来雇用更多劳动者。

第四，英国殖民地在处理消费不完的剩余生产物时，比欧洲任何其他国家的殖民地都更便利，而且享有更广阔的市场。

欧洲各个国家都曾经努力要独占殖民地的贸易，并因此禁止外国船只和本国殖民地进行商业贸易，禁止本国殖民地从任何其他国家输入欧洲货物。只是各个国家实现这种独占的方法各不相同。

英国允许本国全体人民和殖民地进行自由贸易。本国人民可以从英国任何港口和殖民地进行贸易。

且除了海关的一般证件外，不需要再购买任何特许状，程序非常简单。

与英国不同，其他国家在这方面有很多的限制。

有些国家把殖民地的全部贸易都交给一个特许公司经营。殖民地人民需要的所有欧洲产物，都必须通过这个公司购买，殖民地人民的剩余生产物也必须都卖给这个公司。

特许公司的利益，不仅在于把欧洲货物以尽可能高的价格卖给殖民地人民，以尽可能低的价格买进殖民地人民的剩余生产物，而且还在于就算是用很低的价格买进，购买的数量也非常少，因为如果购买得多了，就不能用很高的价格在欧洲市场上出售。它的利益，不仅在于在任何情况下都降低殖民地剩余生产物的价值，而且在于在许多情况下妨害并阻止生产物产量的自然增加。对于妨害殖民地的自然发展来说，在所有已知的方案中，建立排他的独占公司无疑是效果最好的。

还有些国家规定殖民地的全部贸易只能和母国某个特定港口进行。除了在规定时间内的舰队和有特许令的船只外，其他船只都不能从这个特定的港口起航。

由于进行贸易的商船有限，需要登船的商人却很多，人们使用船舶要支付高昂的费用。

这种政策让母国全体居民只要在合适的港口、合适的时间、使用合适的船只就可以和殖民地进行贸易，但出资购买船只且持有特许令的商人，仍然会团结起来，让这种贸易和建立单独占有的垄断贸易差不多。这种商人的利润也是同样用非法的压迫手段得到的，且非常之高。殖民地绝对不可能得到充足的供给，它们通常不得不用非常高的价格购买欧洲的产品，而用非常低的价格出售当地生产的产品。

虽然和其他国家一样，英国实行的关于殖民地贸易的政策也受重商主义精神的支配，但是，综合来看，它比其他国家给予的发展环境更宽松，更易于接受。

除了对外贸易外，其他情况下，英国殖民地的居民可以按照自己认为最好的方式来处理事务。在所有方面，他们都享有和英国民众同样的权利。

殖民地居民同样也有一个人民代表议会来保障这种自由。

相反，西班牙、葡萄牙和法国等国家对殖民地实行专制统治，这种统治，通常是把垄断权交给一切下级官吏，因为相隔距离比较远，所以这种垄断权的执行，自然会比一般情况还要严苛。

当然，也跟欧洲其他国家一样，英国政府对于北美殖民地的建设没有任何贡献。

当这种殖民地形成一定规模，足够引起母国政府注意的时候，母国会针对其所颁布的法律，通过限制殖民地的市场来达到扩大母国市场的目的。

因此，与其说母国法律促进了殖民地的繁荣，倒不如说抑制了殖民地的发展。欧洲各个国家实行这种垄断的方法是各不相同的，这也是欧洲各个国家殖民政策最不相同的地方。英国的政策也仅仅是比其他国家的殖民政策稍微自由一点、宽松一点而已。

开拓殖民地对欧洲的影响

那么，欧洲又从美洲的发现和殖民中得到了什么好处呢？所有的好处可以分为两类：第一，如果把欧洲当作一个大国，那么这个大国从美洲的发现和殖民中得到了一般利益；第二，对于自己的殖民地，各个殖民国家都享有母国的威信和统治权，但是各个殖民国又从各自的殖民地得到了特殊利益。

第一，享乐用品增加了。美洲的剩余生产物运送到欧洲，增加了欧洲大陆居民可以消费的商品种类，如果没有美洲的发现和殖民，这是绝对不可能的。

这些商品有的是用来方便人民生活的。

有的是用来增加生活中的快乐的。

还有的是用来装饰的。

第二，促进了产业的发展。很明显，美洲的发现与殖民，促进了以下各国产业的发展。

首先是和美洲直接进行商业往来的国家，如西班牙、葡萄牙、法国、英国等。

其次是不直接和美洲进行贸易往来，但以其他国家为媒介，把大量麻布及其他货物运送到美洲去的地区，如奥地利的殖民地法兰德斯和德国的某几个省。

这些国家因为有了一个更广阔的市场销售剩余生产物，增加了剩余生产物的数量。此外，美洲的发现与殖民，也促进了从来没有把自己生产的物品运到美洲去的匈牙利、波兰等国家产业的发展。

各母国从殖民地得到的特殊利益，也有两种：第一，把各个殖民地当作一般的领地，得到的普通利益；第二，因为美洲殖民地特异的性质，而被想象出来的特殊利益。

各个母国从自己的殖民地得到的一般利益有以下两类：

第一，各殖民地所提供的保护母国的兵力。

第二，各殖民地提供的用来支持母国民政的收入。

罗马殖民地通常可以提供这两种利益。希腊的各个殖民地，有时会为母国提供兵力上的支持，但是几乎从来没有提供过任何收入。它们几乎不承认自己是归母国统治的。

对于欧洲的美洲殖民地来说，在母国和其他国家发生战争的时候，它们不仅不能提供兵力上的援助，还需要母国派兵保护。

从这方面来说，所有的欧洲殖民地，与其说让母国变得强大，不如说让母国变得衰弱。只有西班牙和葡萄牙的殖民地为母国的防卫和民政维持提供了一些收入。其他国家，尤其是英国，从殖民地征收的赋税能够等于它支付给殖民地的费用的情况都很少。这样的殖民地，对于母国来说，只会让母国支付费用，不能让母国增加财富。

此外，欧洲各国对殖民地的垄断贸易，也使得产业发展减缓，“低价买，高价卖”的经营方式让大批英国人参与到殖民地贸易中来，英国同其他国家的贸易就萎缩了。国民的利益受到损失，纳税的能力也降低了。

第四节 关于重商主义的结论

虽然重商主义者认为奖励出口和阻止进口是两种能让国家变得富有的方法，但是针对某些特定的商品，他们所实行的政策却又和这两种方法相反，也就是对进口实行奖励，对出口进行妨害。

重商主义有时会建议鼓励工业原料的进口，从而让本国的工人可以用比较低廉的价格把原材料加工成制造品。

这样可以防止进口更大数量价格高昂的制造业产品。

输入工业原料有时候会得到免税的优待，有时候会得到奖励金的鼓励。

比如，从一些国家进口羊毛，从所有国家进口棉花。

从爱尔兰或者是英国殖民地进口生麻、大部分染料、大部分生皮。

从英属殖民地进口铸铁和生铁，以及进口其他几种工业原料。

如果按照正当手续上报海关，进口这些原材料都可以享受免除所有税收的优待。和许多其他商业条例一样，这种免税条例也是本国商人和制造业者从自己的利害关系出发向立法者请求得来的，但这些规定是完全正确的、合理的。如果不和国家的利益相矛盾，而让这种规定在其他工业原料上通用，一定会对人民大众有利。

但是，大制造业者的贪婪让许多本来是工业原料的货物，也可以享有这种税收优待。

大制造业者为了让自己的完全制造品可以用尽可能高昂的价格出售，逼迫立法者对他们的麻布出口发放奖励金。

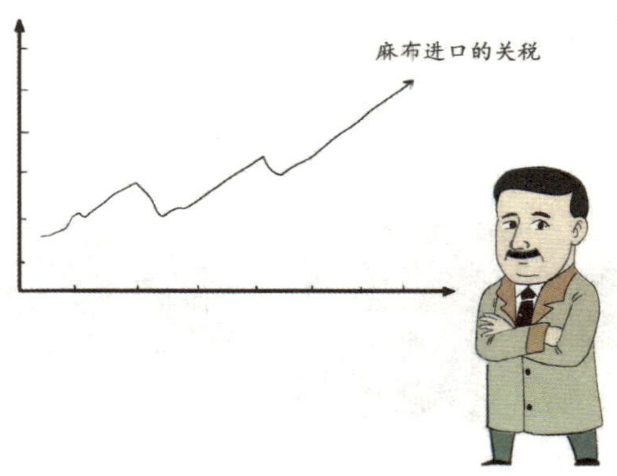

对所有外国麻布的进口征收高额的关税。

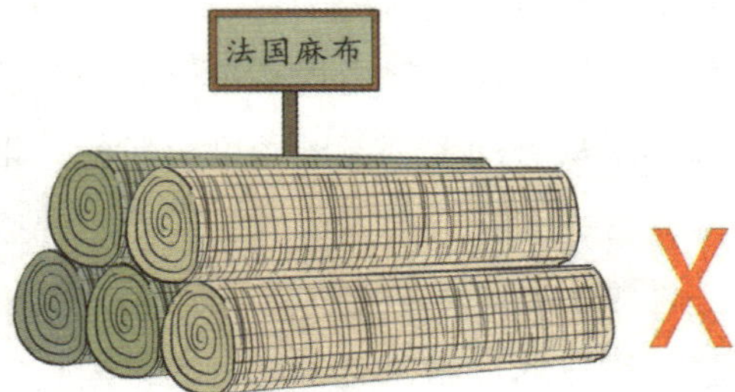

对于用来供给国内消费者的法国麻布的进口，则完全禁止。

政府为进口原材料发放奖励金使得大制造业者可以低价购买织工的制造品。

大制造业者还奖励外国麻织布的进口，使它们与本国生产的产品竞争，更降低了原料的价格。

正如他们想要降低纺线工人所得的资财一样，他们也一心要降低所雇用工人的工资。所以，他们努力提高自己完全制造品的价格或降低原料的价格，都不是从劳动者利益的角度出发的。重商主义所要奖励的产业，都是由富有而有权势的人经营的。至于那些由贫苦而弱小的人经营的产业，通常是被重商主义忽视或者抑制的。

对制造业原材料进口的抑制，有时通过绝对禁止的方式，有时通过征收高额关税的方式。

英国呢绒制造业者通过禁止活羊及羊毛的出口，得到一种不利于牧羊者和羊毛生产者的垄断。

呢绒制造业者声称英国的羊毛比其他国家的羊毛品质更好，其他国家的羊毛如果不加入一些英国羊毛，就不能制造出任何质量不错的制造品。

呢绒制造业者还说英国如果能够完全禁止自己国家羊毛的出口，差不多就可以垄断全世界的呢绒业。

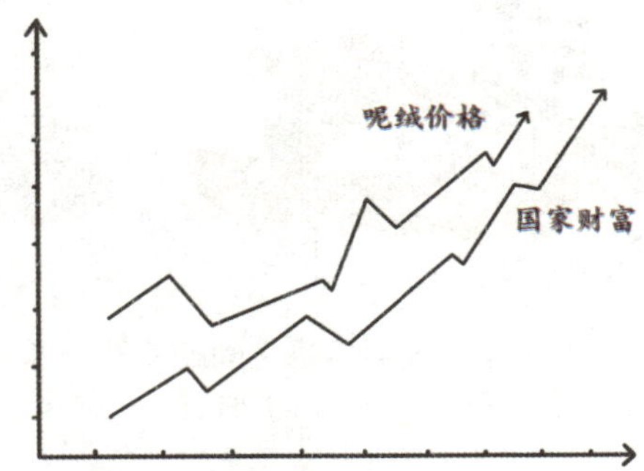

在没有竞争的情况下，英国就可以根据自己的意愿提高呢绒的价格，并在很短的时间内，通过最有利的贸易差额，让国家变得非常富有。

禁止羊毛出口的条令实际上是为了制造业者的利益而损害了羊毛生产者的利益。

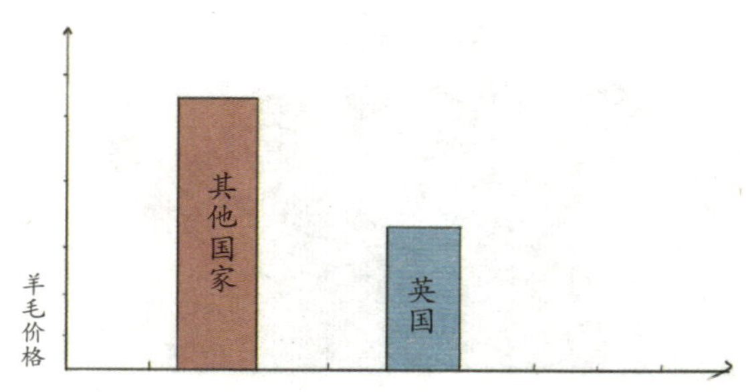

相比于其他国家，英国的羊毛价格偏低。

外国市场和本国市场的羊毛价格之间的差额，成了吸引羊毛出口的最大动力。许多走私者为了利益宁可偷运羊毛。

亚当·斯密认为，通过征收赋税而让羊毛可以合法出口，既可以给君主提供收入，又可以免去征收其他更沉重、更麻烦的赋税，对国内各个阶层的人民都是有利的。

所有生产的唯一目的和宗旨就是消费。只有当促进消费者的利益必须要考虑生产者利益的时候，生产者的利益才会被重视，也只有在这种情况下，才需要重视。但是在重商主义环境下，消费者的利益几乎总是因生产者的利益而被牺牲掉。重商主义者把生产当作了所有工商业的最终目的。

对于所有能和本国产物和制造品竞争的外国商品，都在进口时进行制约，很明显就是为了生产者的利益，而牺牲了国内消费者的利益。为了生产者的利益，消费者不得不承担这种垄断所造成的高出自然价格的那一部分价格。

针对本国某些生产物出口时发放的奖励金，也全部都是为了生产者的利益。发放奖励金对于国内消费者没有任何的好处，消费者还不得不承受两个方面的损失。

第一，消费者不得不承受为发放奖励金而新征收的赋税。

第二，消费者不得不承受因为国内制造品的出口造成的国内商品减少，进而引起的商品价格上涨。

对于谁提出了重商主义学说，亚当·斯密相信，肯定不是消费者，因为消费者的利益完全被忽略了。他认为提出重商主义学说的一定是生产者，因为整个学说时时处处都在为生产者的利益考虑。但在生产者中，商人与制造业者又是设计者中的中流砥柱。在这一章所讨论的商业条例中，制造业者的利益受到了最全面的考虑和保护。消费者或者说其他各种生产者的利益，都被制造业者的利益牺牲掉了。

第五节 重农主义主张的财富来源

亚当·斯密认为，重农主义是具有独创性的学说，世界上从来没有哪一个国家把土地生产物看作国家财富的唯一来源或主要来源。它只存在于法国少数博学多智的学者超脱世俗的思想中。

矫枉过正，法国各个提倡重农主义的哲学家，好像都印证了这个词语。他们高估了农村产业的地位，低估了城市产业的地位。

重农主义把在任何方面对一个国家的土地劳动年生产物做出贡献的人民分为三个阶级：地主；耕作者、农民和农村劳动者；工匠、制造业者和商人。

地主阶级，之所以会对土地年产物有所贡献，是因为他们有时会把金钱投在土地改良上，例如，建筑物、排水沟、围墙的修建等。

这些改良有的是建造，有的是修补，但是所有这些，都可以让耕作者用同样的资本生产出更多的生产物，从而可以支付更多的地租。耕作者多支付的那一部分地租，就可以当成地主投在改良土地上的资本的利润。在重农主义学说中，这种投在土地改良上的费用，被称作土地费用。

耕作者和农民之所以会对土地年产物有贡献，是因为他们为了耕作土地会付出一定的劳动和费用。

这种费用分为原始费用及年度费用。原始费用包括农业用具、耕作用的家畜、种子以及至少在第一年度耕作的大部分时间农民用于维持其家庭雇工和牲畜的费用；年度费用中包括种子、农具的磨损以及农民的雇工、耕畜和家人每年的维持费。

在重农主义学说中，他们才被称为生产阶级。他们投入的原始费用和年度费用在重农主义学说中被称为生产性费用，因为这种费用除了可以补偿自身的价值外，还可以让剩余下来的纯生产物每年都被生产出来。所谓的土地费用，也就是地主投资在改良土地上的费用，在重农主义学说中也被称为生产性费用。

只有三种费用可以被称为生产性费用，即地主的土地费用、农民的原始费用和年度费用。除此之外，其他所有的费用和所有阶级的人民，就连通常情况下最被认可是从事生产性劳动的人，也被认为不完全是生产性的。

在重农主义学说中，工匠和制造业者却被当作完全不能生产的阶级，他们的劳动仅仅是补偿了雇用他们所花费的资本并提供了资本的一般利润而已，并不能产生新价值。

相反，用来雇用农民或农村劳动者的费用，除了自身价值外，还生产出了一个全新的价值——地租。所以，它是生产性费用。

工匠、制造业者和商人，只能通过节省的方法来促进社会收入和财富的增加，或按重农主义学说的说法，只能通过制约自己的方法，也就是通过减少自己生活资料和资金的一部分的方法，来促进社会收入和财富的增加。

不过，对于地主和农业耕作者两个生产阶级来说，这些非生产性阶级不仅有用，而且非常有用。

正因为有了商人、工匠和制造业者的非生产性劳动，地主和农业耕作者才可以用较小量的劳动产物去购买需要的进口商品或是国产商品。

同样，因为有了非生产性阶级，地主阶级和耕作者才可以心无旁骛地耕作土地，从而生产出更多的土地生产物。

商人、工匠和制造业者的劳动间接地促进了土地原生产物的增加。

不论从哪个方面来说，制约或者妨害商人、工匠及制造业者的产业，都不符合地主阶级及农业耕作者的利益。

非生产性阶级越自由，他们之间各种职业的竞争越激烈，其他两个阶级就越可以用更低廉的价格购买到需要的外国商品及本国制造品。

制约其他两个阶级的发展，也绝对不符合非生产性阶级的利益。

用来维持并雇用非生产性阶级的，是扣除掉维持农业耕作者需要的部分和维持地主阶级需要的部分后，剩下来的那一部分土地生产物。

剩下来的这一部分土地生产物越大，就越能够促进非生产性阶级生活水平的提高。

建立起完全合理、自由、公平的制度，是让这三个阶级同时发展到最繁荣程度最简单又最行之有效的方法。

重农主义认为，商业国的存在，对其他国家的居民不仅有用，而且非常有用。其他国家的地主和农业耕作者本应该在自己国家内找到商人、工匠和制造业者的，但是因为国家政策的某些缺陷，他们在国内找不到这些人。商业国的存在，让这些国家政策上的缺陷得到了一定程度的弥补。

对于这种商业国家的贸易和它所提供的商品征收高额的关税，从而达到损害或者是制约这种商业国家产业发展的目的，绝对不符合那些农业国的利益。

征收关税提高了这些商业国家商品的价格，对于要用来购买这些商业国家商品的农业国家的土地生产物来说，就相当于降低了其真实价值。

征收关税产生的唯一作用，就是阻止了这种土地剩余生产物的增加，从而妨害农业国土地的改良和耕作。

相反，允许所有的商业国家进行完全自由的贸易，就会提高农业国土地生产物的产量。

同时，增加的土地生产物产量也能养活更多的工商业者。

这种完全的贸易自由，会在合适的时候给农业国提供它缺少的商人、工匠和制造业者，使它这方面的缺乏得到最有利、最合适的补充。这也是最行之有效的方法。

亚当·斯密认同以上观点，但他认为，重农主义学说最大的错误，在于将工匠、制造业者和商人都当作没有生产或者不能生产的阶级。这种学说的不恰当之处，可以通过下面的观点说明。

第一，重农主义学说也承认工匠、制造业者和商人阶级每年都可以生产出他们自身消费的价值至少让他们可以继续从事那个行业，维持那个资本的存在。仅从这一点来说，称他们是完全没有生产或者是不能生产的阶级是不合适的。

比如，仅生一子一女代替父母以延续人类的存在的婚姻，并没有增加人类的总数目，但是并不能因此说他们的婚姻是没有生产或者是不能生产的婚姻。

生养三个孩子的家庭比生养两个孩子的家庭更有生产力。

同理，农民和农村劳动者阶级也只是比工匠、制造业者和商人更有生产力而已。

第二，只因为不能产出纯生产物，就把工匠、制造业者与商人当作家仆，也是完全不恰当的。

家仆的劳动大都是临时性的，不能固定也不能体现在任何可以销售的产品上，从而补偿雇用和维持他们生活的价值。

而工匠、制造业者与商人付出的劳动却会固定并体现在那些可以销售的产品上。

因此，与家仆不同，工匠、制造业者和商人是生产性劳动者。

第三，不论根据哪种假设，认定工匠、制造业者和商人的劳动没有增加任何的社会真实收入都是不合适的。

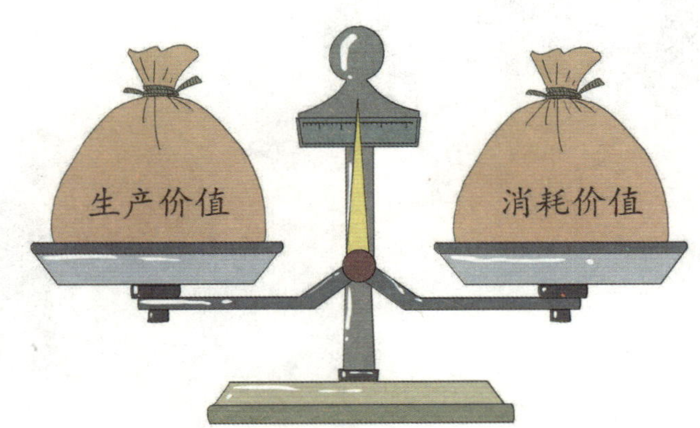

就算我们假设工匠、制造业者和商人阶级每天、每月或每年消耗的价值，刚好等于他们每天、每月或每年生产的价值，也不能因此就断定他们的劳动没有让社会的真实收入、社会上土地和劳动的年产物有任何的增加。

第四，农民及农村劳动者只有通过节俭，才能增加社会的真实收入及土地和劳动的年生产物，在这个方面，他们是和工匠、制造业者及商人一样的。不论在什么社会，土地和劳动的年生产物都只能通过两种方法增加：社会中实际雇用的有用劳动的生产力的改良；社会中实际雇用的有用劳动的量的增加。

有用劳动的生产力改进与否受两个因素影响：劳动者自身能力的提升；劳动者工作使用机械的改进。

和农民及农村劳动者要进行的工作相比，工匠及制造业者的劳动可以进行更精细的分工，每个工人要从事的工作就变得更加简单，因此更能提升劳动生产力。

如果像重农主义假设的那样，商人、工匠和制造业者比地主及耕作者更加倾向于节省和存储，那么他们就一定能雇用更多劳动者。

因此，商人、工匠和制造业者更能增加社会的真实收入及土地和劳动的年生产物。

亚当·斯密认为，任何特别鼓励或者是制约的政策一旦废除，最简单最纯粹的自由贸易制度就会自然而然地确立起来。在不违背公正的法律的前提下，每一个人都应该完全自由，可以用自己的方法追逐利益，并通过自己的辛勤劳动和资本与任何其他人或其他阶级进行竞争。根据自然的自由制度，君主需要履行的义务只有三项。

一、保护社会，使它不会受到来自其他独立社会的侵害。

二、竭尽所能地保护社会上的每个人，使他们不用受到社会上的其他人的欺负或者迫害，建立公正严明的司法机构。

三、建立并维护一定的公共事业和公共设施。

虽然重农主义学说有许多缺点，但是在政治经济学体系下的众多学说中，这个学说也许是最接近真理的。因此，所有想要认真研究政治经济学原理的人，都需要认真地关注这个学说。

第四章

论国家的必要经费和收入来源

第一节　国防经费

君主的义务中，最重要的就是保护国家的安全，使它不至于遭受来自其他独立国家的压迫和侵犯。想要履行这种义务，必须借助军队的帮助。至于和平时期储备兵力、战争时期使用兵力的花费，则根据各个国家发展程度的不同而不同。

在最低等、最落后的狩猎民族中，人人都是狩猎者，人人都是战士。美洲土著就是这样。

在这种情况下，本来就没有所谓的君主、国家一说，每个人也不需要为准备战争或者进行战争而承担任何费用。

在比较进步的游牧民族中，同样如此，通常每个人都是游牧者，同时也是战士。

牧民通常居住在帐篷中或者是带有帐篷的马车中，没有固定的住处。每年整个民族都会迁移。

他们在和平时期就过着流浪式的生活，所以，当面临战争时，每个人都很容易拿起武器成为战士。

君主不会给他们提供战争的经费，如果胜利了，敌方整个部落的一切人和牲畜都会成为他们的战利品。

在相对更进步的农业社会，每个人都是农业劳动者，但同时也是战士，或者说，很容易成为战士。

夏天的时候，人们要顶着炎炎烈日在地里劳作。

冬天的时候，他们又要抵御凛冽的寒风。这种艰辛的日常劳作锻炼了他们，让他们可以忍受战争的痛苦。

实际上，农业劳动中的一些工作和战争中的一部分艰难的工作非常相似。例如，农业劳动者在土地上开凿沟渠。

有了这项本领之后，他们就可以在战场上建造战壕和围墙。

农民不像游牧者有很多的空闲可以进行游戏，从而为成为战士做充足的准备，也没有学到像游牧者那样的技艺，他们拿起农具就加入战斗。

当他们拿起武器保卫国家的时候，也不需要国家或君主花费多少资财。

在更加进步的社会里，让参加战争的人用自己的资财维持所需，就是完全不可能的了。这有两方面的原因：一是制造业的发展；二是战争技术的改进。

对于参加远距离战争的农民来说，只要战争能开始于农作物的播种期之后，并在农作物的收获期前结束，就不会对农业的收成有太大的影响。

但对于参加战争的一般技术工人来说影响就很大了，他们一旦离开自己工作的地方，唯一的收入来源就没有了。

如果工人服兵役，他们就没有办法自己维持自己的生活，只能由国家为他们发放钱和生活物资。

随着社会发展，战争的技术已经逐渐发展成为一种复杂高深的科学。战争的形式，已经不再是早期社会那种单纯随意的小战斗、小争夺。而且战争的时间也更不确定了，通常会接连进行几次战役，说不定每次战役都会持续大半年。这个时候，至少在战时，参加战争的人是需要依靠国家费用供养的。不论一个人原来从事的是哪种职业，如果要让他长期服兵役，还得自己养活自己，那么对于他来说，将是一个沉重的负担。

要想让军事技术发展到先进的程度，还必须让军事成为某些特定市民主要或者唯一的职业。

和其他技术一样，战争技术的发展，也必须依靠分工，比如，进行不同武器装备的研制。

士兵这个职业从其他职业中脱离出来，成为一个独立的专门的职业，不是某个人聪明智慧的结果，而是国家智慧的结晶。

毫无疑问，如果有一个人在和平时期不期待国家的特别奖励，而把自己的大部分时间耗费在军事训练上，那么他一定可以在军事训练上取得长足进步，而且也将得到很多乐趣，但是这对于他的自身利益却没有任何好处。只有国家的智慧才能让他从自己的利益出发，耗费大量的时间从事这个特殊的职业。但是，有很多国家，就算已经到了没有这种智慧就要灭亡的地步，往往也没有这种智慧。

随着技术和制造业的进步，农民也和工人一样忙得没有空余时间，自然而然地忽视军事训练，从而让国家中的大多数人都养成了不好战的习惯。

但另一方面，因为农业改良而逐年积累下来的财富，又会引起周围其他国家的非分之想和侵犯行为的发生。

实际上，勤劳而殷实的国家，通常最容易引起周围国家的侵犯。所以，如果国家不采取一些新的方法加强防御，人民形成的习惯就会让他们完全失去保护自己的能力。

在这种情况下，国家想要加强国防力量，似乎只有采取两种方法。

方法一，颁布一种严苛的法律，抛开国民的利益、资质和兴趣，规定他们必须进行军事训练。所有在服兵役年龄内的人民或者部分适龄者，不管他们原来从事哪种职业，都必须和士兵的职业在一定程度上结合起来。

方法二，国家雇用并供养一部分的人民，对他们不断进行军事训练，从而让士兵这一职业脱离其他职业，明确地成为一种新的特殊职业。

如果一个国家采用第一种方法，那么，这个国家的军队就是所说的民兵；如果采用第二种方法，那么这个国家的军队就是所说的常备军。

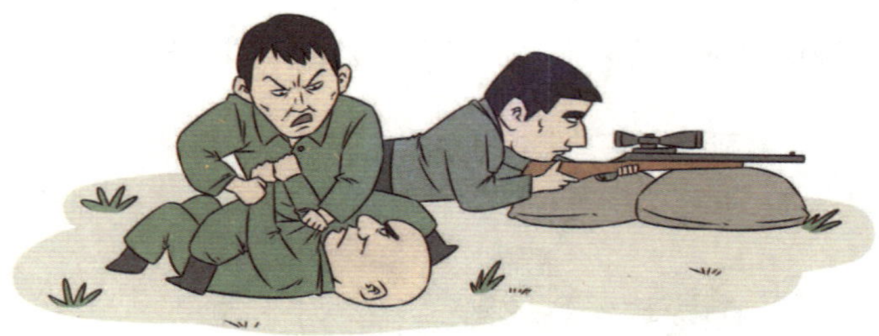

常备军唯一的任务就是进行专业的军事训练。

国家发放给他们的军饷，就是他们生活花费的主要来源。

而对于民兵来说，军事训练只是临时性的任务，他们的生活花费还需要通过自己本身的职业获得。

对比可知，民兵身上手工业者、商人的性质比士兵的性质要多；对于常备军来说，士兵的性质又比其他一切职业的性质要多。这就是两种军队在本质上的区别。

不论民兵是采用什么方法训练的，训练好了的民兵通常都比不上训练好了的常备军。

因此，只有建立了纪律良好的常备军，一个文明国家才能抵抗外国的侵犯。

亚当·斯密认为，对于君主来说，最重要的义务就是保护本国社会的安全，使它不至于受到来自其他社会的压迫和侵犯。履行这种义务需要的费用，一定会随着社会的进步而越来越大。原来不论是在和平时期还是在战争时期都不需要君主支付费用的社会兵力，到了后来，不仅在战争时期需要君主支付费用，平时也需要君主支付费用。

同时，火器的发明引起了战争技术上的巨大变化。新型的武器弹药更加昂贵，战争需要的武器和军需品的费用也同时增加了。

毫无疑问，近代战争花费在火药上的费用很多，但是，这也给那些能够承担这项巨大费用的国家提供了一种利益。不过，对一个国家有利的事情，对另一个国家有时是不利的。在古代，文明国家很难抵抗相对落后国家的侵犯，但是在近代，贫困落后的国家却很难抵抗强国的侵略。亚当·斯密认为，火器的发明，乍看似乎对于文明的延续和传播有害，但实际上，它对于这两个方面都是有利的。

第二节　司法费用

君主的第二个义务，就是建立一个公正严明的司法机构，保护社会中的每个人，使他不会受到其他人的欺负或者迫害。履行这项义务的费用，也因为时期的不同而存在差异。

以狩猎为生的社会中，几乎没有什么财产，就算有，也只是价值两三天劳动的物品罢了。

在这种社会中，不需要固定的审判官。既然一个人没有财产，那么其他人最多也就是损害一下他的名誉或者身体。

虽然被杀害、被殴打、被诽谤的人感到了痛苦，但是杀人者、打人者、诽谤者，并没有得到什么利益。但如果损害的是财产，就不一样了。通常，被加害的人失去了多少的利益，施加伤害的人就可以得到多少利益。而因为财产关系而引起的嫉妒、敌视和怨恨，经常成为损害他人身体或者名誉的动机。但是，对于大多数人来说，这种动机并没有多大的作用，就算是最坏的人，也只是偶尔地受到它的影响。然而富有人士对于财富的贪婪和欲望，贫困人士懒惰、厌恶劳动、贪图安乐的品性，却可以成为侵害他人财产的动机。而且，这种动机的作用更为稳定、影响更为普遍。

亚当·斯密认为，哪里有大财产，哪里就有大不平等。在一个非常富有的人身边，至少同时有 500 个穷人。

富人的富有会激起穷人的不满，穷困会驱使穷人、羡慕会煽动并蛊惑穷人，让他们侵害富人的财产。

富人经由多年的劳动或者几代人的劳动才积累起来的财富受到了很大的威胁，他们很担心财产被偷窃。

富人不想遭受这种不正当侵害，就只有依靠强劲有力的司法保护了。

因此，人一旦有了大财产，就一定会要求建立民权政府。如果是在那些人没有什么财产，或者顶多只有价值两三天劳动的物品的社会，就没有建立这种政府的必要了。

一个民权政府，首先必须得到人民的服从。通常，这种政府设立的必要性会随着财富价值的增大而增大。要使人民服从的必要性，也越来越强。人民形成这种服从的原因，具体地说，就是某些人强于其同胞的原因，一般包括以下四种。

第一种原因，是他们本身具有的优越性。例如，身体上的力量、容貌上的美丽、动作上的灵活，以及智慧、公正不阿、坚忍不拔和克己等。

第二种原因，是年龄上的优越性。年长者如果没有老到衰弱不堪，那么和那些身份、财产和能力都相等的年轻人相比，他都更受人尊重。

第三种原因，是财产的优越性。虽然富有的人不论在哪个社会都有很大的权威，但在富有程度最不平衡的游牧民族时期，富有的人拥有最大的权威。

第四种原因，是门第的优越性。这种优越性建立在祖辈财产优越的基础上。

君主的司法权力，不但不会花费他任何的资财，而且会成为一种长期的收入来源。

要求他裁判的人，通常愿意给他一些酬劳——赠送的东西总是伴随着要求一起来。

在君权确立以后，罪犯除了要赔偿原告损失之外，通常还得给君主缴纳罚金。

原因是罪犯们给君主添了麻烦，骚扰了君主，破坏了君主的和平。

这样一来，司法权力就成了一个敛财的工具，自然就会产生很多的弊病。

一个人如果在请求进行裁判的时候送来了比较贵重的礼物，那么他得到的利益可能就会超过公平情况下应该得到的。

相反，一个人如果在请求裁判时送来的礼物比较轻，那么他可能就得不到公平情况下应该得到的利益。

为了可以多得到一些礼物，行使司法权的人会把裁判日期千方百计地向后拖延。

为了可以得到罚金，行使裁判权的人甚至会把实际上没罪的人判定为有罪。

后来，在多种原因的作用下，这种司法裁判上的腐败终于从根本上改过来了。其中比较重要的原因之一就是国防费用不断增加，使得归君主所有的土地收入不能够支付国家的行政开支了。

为了自己的安全考虑，人民被迫全额缴纳各种赋税，以满足国家的各项支出。

这时，司法行政上赠送礼物的惯例才被废除，也就是不管什么理由，不管是君主还是君主的代理者，裁判官一律不准接受任何礼物馈赠。

裁判官有薪酬，这薪酬可以补偿他原来通过接受礼物能得到的份额。

但不论哪个国家，裁判都不是完全免费的。至少，诉讼当事人要给律师一些报酬，否则的话，他们就不会竭尽所能地进行辩护。

我们要当裁判官！

裁判官是名声很好的官职，虽然报酬微薄，但是仍然有很多人想要得到这个职位。

司法权脱离行政权而单独存在，是社会进步、社会事务增加的必然结果。随着社会事务的日益增多，司法行政成为一项纷繁复杂的任务，而承担这项任务的人就没有精力再关注其他方面的事情了。同时，行使行政职责的人因为没有空闲处理私人诉讼案件，就把这些案件交给代理者处理。

如果司法权和行政权没有分离，那么公正很容易就会被人们通常所说的政治势力牺牲掉。承担着国家重任的人，就算没有什么腐败的想法，也总会觉得为了国家的重大利害关系，有时有必要牺牲个人的权利。但是，每个人的安全都依赖公正的司法行政进行保护。为了让每个人都觉得自己的所有权利有足够的保障，司法权不但有和行政权分离的必要，而且有完全脱离行政权而单独存在的必要。裁判官不应该由行政长官随意罢免，裁判官固定数额的薪酬也不应该随着行政部门的意愿或者是经济状况的变化而发生变化。

第三节 公共工程和公共机关的费用

君主和国家的第三个义务是建设并维护一定的公共工程和公共机关。对于社会来说，建设公共工程和公共机关大有好处。但是从它的性质来说，如果这种事业由某个人或者某几个人来办，所得到的利润将无法补偿所投入的费用。所以这种事业不能由某个人或者少数几个人创建或维护。随着社会发展时期的不同，完成这种义务需要的花费也各不相同。

前面所说的国防和司法两个方面，都必须建立公共工程和公共机关。而和这种性质相似的，例如方便社会商业，促进人民的教育，也必须建立公共工程和公共机关。教育上的设施，大致可以分为两种，一种是用于青年教育的设施,另一种是用于所有年龄人民的教育设施。上面各种工程、各种机关所需要的费用的支付，都应该采用最合适的方法，这些方法可以分为下面三种。

方便社会商业的公共工程和公共机关

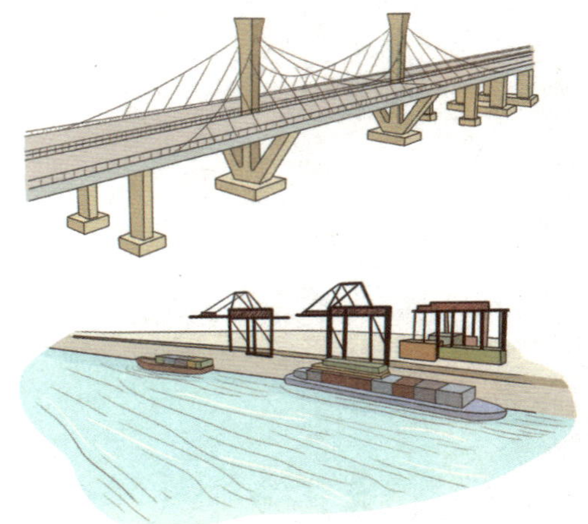

一个国家商业的兴旺繁荣，有赖于道路、桥梁、运河和港湾等交通设施的建设。

一个国家建设和维护公路的费用，一定会随土地及劳动年生产物的增加而增加，即一定会随着公路运输货物的数量和重量的增加而增加。

这类公共工程的建设费用，不是必须由通常所说的国家收入支付，或者从行政费用中支出。只要管理得恰当，这种费用中的大部分，都可以通过它本身提供的额外收入供给，没有必要增加社会的一般负担。

例如，在大多数情况下，公路、桥梁、运河的建设费和维护费，都可以通过对来往车辆、船舶征收小额通行税获得。

同样，港湾的建设费和维护费，也可以通过对在此装卸货物的船只征收小额港口税获得。

此外，为了方便商业而存在的铸币厂等，在许多国家不但不需要君主支出费用，而且可以给君主带来一笔小收入。

在所有的国家中，为了方便商业而存在的邮政局，不但能够维持自己的运营，而且可以给国家提供一笔不错的收入。

车辆通过公路或桥梁、船舶通过运河或港口时，如果都按照货物重量或吨数的一定比例征收通行税，通行税就可以说是按照它们对所使用的公共设施造成的损耗而支付的维护费。要维护这种公共设施，似乎没有比征收通行税更公平的办法了。

这种通行税虽然由贩运商人缴纳，但他只是暂时垫付罢了，最后还是会转到货物身上，由消费者支付。

有了桥梁、公路这种公共设施，货物的运输更加方便，运费就大大降低了。

消费者虽然承担了通行税，但和没有这种公共设施，也没有通行税时相比，还是可以用更低的价格购买到货物。

公路、桥梁、运河等的建设和维护如果由使用它们的商业支付费用，那么这种设施就一定会建在商业需要的地方。此外，建造的花费和规模，要看商业能不能承担得了，也就是看适不适合建设。

宽广的大道不可能建设在没有任何商业的荒凉国家内。

也绝对不可能仅仅为了顺畅地到达州长或者州长想要谄媚的某个大领主的农村别墅，而建设一条宽广的大道。

也绝对不会仅仅为了方便一个人出行，或者为了装饰某个宫殿临窗眺望的风景而在河上建一座桥。

亚当·斯密还认为，应该用通行税充当公路维护费用，并由专门的管理委员会对公路通行税进行管理和使用。

同时，管理者修补道路可以雇用的工人都是工资劳动者，通过这种方式管理收费公路，收费公路就会和邮政局一样成为国家一般收入的一个来源。

就算政府通过管理收费公路获得的收入没有刚开始拟定这个计划时那么多，但是，毫无疑问，一定会有一笔大收入。但是，这个计划本身也有非常大的弊病，引起了人们的反对。

第一，如果一个国家把从道路上征收的通行税当作应付紧急情况的财源，那么，这种通行税就会随着想象中需要程度的增大而增加。

如果通行税不断地增加，那么原来打算提供给商业的便利，就会成为商业发展的一个障碍。

运费的增加使得货物的生产受到很大的伤害，造成了产业衰退。

第二，根据重量征收的车辆通行税，如果唯一目的就是补修道路，那么这种税可以说是非常公平的。但是，如果这种税的征收还为了应付国家的紧急需要，那么这种税就是非常不公平的了。

由于通行税是根据货物的重量而非价值征收的，所以货物价格就不再由其价值决定，而由重量决定，最后承担这种赋税的人都是粗糙笨重商品的消费者。

因此，给国家提供这些紧急资金的都不是富有的人而是穷苦的人，而他们是最没有能力承担这项费用的。

第三，如果政府对于损坏的公路不及时修理，那么我们想要强制其拿出一部分通行税来修理公路，就会比现在还困难。

有时候，从人民中征收来专门用于维护、补修道路的费用，没有任何一部分被用来整修公路。

方便特殊商业的公共工程和公共机关

上面所说的各种公共设施和公共机关，目的在于方便一般的商业。如果要方便特殊商业，那么就需要特别的设施，并且需要一项额外的费用。

和没有开化的野蛮国家通商，通常需要一种特别的保护。为了避免遭到当地土著的抢夺，存放货物的地方需要进行一定的防备。

欧洲人在印度进行贸易，也同样有进行防备的必要。他们建立堡垒以防备暴力。

出于商业上的利益和商业关系的需要，英国还在土耳其和俄国建立了大使馆。

保护一般贸易通常被看作国家防御上的一个重大事件，因而也就是行政机关必须履行的义务的一部分。于是，一般关税的征收和使用通常交给行政机关。保护特殊贸易是保护一般贸易的一部分，因此也是行政机关应该履行的义务的一部分。

但在欧洲大部分的商业国家，商人通常会向立法机构建议，把本来属于行政机关应该履行的义务以及和这个义务相关的所有权利，都转交给属于他们的特殊商务公司。

当一个地方刚刚开辟、国家对于在这里进行商业贸易有很多顾虑时，这种公司自己筹措资金、尝试着进行商业贸易。

这种做法对于某些特殊商业部门的建立或许是有好处的，但是时间一长，就没有什么用处了。在经营方面，它会有很多不当之处，其经营的范围通常都非常狭窄。

青年教育设施的费用

用自身收入来支付自身费用的事业，并不只有前面所说的道路、运河等，用来进行青年教育的设施也是这样。

学生支付给老师的学费或者是谢礼构成了青年教育设施的费用。

在欧洲，大部分普通学校及大学都是由捐赠的财产或君主拨付的款项维持的。

教育经费几乎在各地都是依靠地方收入或某项地产的租金维持的。

此外，把君主或者是私人捐赠的学款妥善管理，积累起来产出利息，也可以在很大程度上充当教育经费。

这些捐赠的财产，能够促进教育设施的改良吗？能够鼓励老师的勤勉、提高老师的能力吗？能够改变教育的自然行程，让它转向对个人和社会都更有用的目标吗？对于这些问题，要做出一个大概的答复并不是多么困难的。

不论在哪个职业中，大部分人的努力程度都是和完成这个工作的困难程度成一定比例的。这种必要性，因每个人的境况不同而不同。在自由竞争的情况下，各人之间相互竞争，就会迫使个人尽可能地把自己的工作做到最好。

如果一个普通学校或学院有了一笔捐助的资金，那么教师鼓励自己好好教书的必要就一定会减少。

如果教师的生计是由每月额定的薪水维持的，那么他们教学的成功和声誉就和其生活资料来源毫不相关了。

在有些大学，教师的薪水只占他报酬中很小的一部分，其他大部分都来自学生的学费或谢礼。在这种情况下，教师努力教书的必要性虽然会减少一些，但却不会完全没有。

而在有些大学，教师被禁止接受学生的谢礼或学费，在这种情况下，薪水就是他的全部收入了。因此，他越不履行义务，对自己就越有利。

亚当·斯密认为，学校教师自由竞争的结果是给社会提供高质量的教育，在先进的商业社会中，和有身份、有财产的人的教育相比，国家更应该注重普通人的教育。

普通人忙于生计，他们几乎没有接受教育的时间。

就算是在幼年时期，他们的父母也几乎没有能力供养他们。

而一旦可以工作，他们就必须谋生。他们的劳动忙碌而紧张，根本没有空闲考虑别的事情。

不论是在哪种文明社会，普通人虽然不能受到像有身份、有财产的人那样好的教育，但是教育中最重要的几个部分，如读写及算术，却都是可以在早年学习到的。

国家在各教区各地方设立小学，收取的费用必须让一个普通劳动者也负担得起。这样，人民就比较容易接受基础教育了。

普通家庭的儿童中，有些在学业上比较优秀。对于这种儿童，如果国家能够给予奖赏或荣誉奖章，也可以鼓励普通人的孩子接受最基本的教育。

如果国家规定，所有人在取得加入某种同业协会的权利或有资格在自治村落或自治都市中从事某种职业以前，都必须接受国家的考试或检定，那么就可以迫使几乎全体人民都接受最基本的教育。

文明社会中所有下层人民的理解力，经常被粗野的无知和愚钝所麻痹。一个人如果不能适当地使用只有人类才具备的智慧，那么从某个角度来说，就比胆小者还要可耻。就算国家不能从下层人民的教育中得到什么利益，也应该加以关注，不让他们完全陷入不受教育的状态中。更何况，对下层人民的教育可以让国家获益匪浅。

一般的下层人民所受的教育越多，他由狂热迷信所形成的妄想就越少。

受过教育的人，比无知而愚昧的人更有礼貌，更遵守秩序。

受过教育的人觉得自己的人格更高尚，更有资格得到那些地位比自己高的人的尊敬，因此，他们也就更尊敬那些地位高的人。对于那些从自己的利益出发，具有党派性质或者煽动性质的言论，他们更能搞清楚原委，也更能看透本质，因此，反对政府政策的言论或不必要的论调就更加不能蛊惑他们。在自由的国家中，政府的安全极大地依赖于人民对于政府行为所持的好感度。因此，通过教育让人民不轻率地、随意地批判政府，的确是一件非常重要的事。

第四节　国家收入的来源

专属于君主和国家的收入来源由资本和土地组成。

而一个文明国家的必要费用只依靠君主或国家特有的资本和土地两项收入进行支付既不合理也不够用，还需要国民缴纳的赋税来补充。

人民需要自己拿出一部分私人的收入来弥补国家公共的收入。

个人所得由前面所讲的地租、工资、利润这三部分组成，每种赋税最终也将来源于这三者中的一项、两项或三项。

在介绍赋税的种类之前，先列举说明一下关于一般赋税的四种原则。这四种原则如下。

第一，一个国家的人民，都需要在可能的范围内，根据自己的能力给国家缴纳赋税，维持政府。

第二，各个国民应当全部缴纳的赋税必须是确定的，不能随意变更。缴税的日期、方法、数额，应该让所有的纳税人及其他人明明白白，清清楚楚。

否则的话，每个纳税人就都多多少少地会受到收税官吏权力的影响，收税的官吏会找各种借口加重赋税，或者用加重赋税为借口，勒索财物。

同时，不确定的赋税也会滋生腐败。

第三，缴纳各种赋税的日期和方法应该以方便纳税人为准。

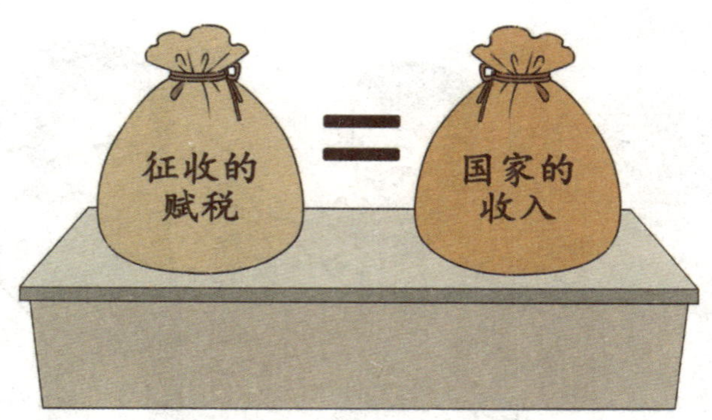

第四，所有赋税的征收，都应该尽可能地让人民缴纳的赋税等于国家的收入。

下面介绍一下赋税的分类。

地租税是加在土地地租上的赋税，有两种征收方法：根据某种标准，对各个地区分别评定一定数额的地租，这个数额确定以后，不再变更；随着土地实际地租的变化而变化——耕作情况好，地租税就增加；耕作情况不好，地租税就降低。

利润税是对资本利润征收的税。利用资本产生的利润或收入，自然地分成两个部分，一部分是资本所有者支付的利息，另一部分是支付利息以后的剩余。

工资税是对劳动者的工资征收的税。

此外，还有对消费品和奢侈品征收的消费品税、关税等。

征收赋税对生产和耕作没有不利影响，但现实中的赋税可能不会像预期的那么理想，会存在这样那样的问题。